Mine

MW01706953

Paris, le 24 avril 90.

DU MÊME AUTEUR AUX ÉDITIONS ACTES SUD

L'Accompagnatrice, 1985.
Le Laquais et la Putain, 1986.
Tchaïkovski, 1987.
Astachev à Paris, 1988.
La Résurrection de Mozart, 1989.
Le Roseau révolté, 1988.
Histoire de la baronne Boudberg, 1988.
C'est moi qui souligne, 1989.
Le Mal noir, 1989.

Illustration de couverture :
Henri Galeron

ISBN 2-86869-459-4

NINA BERBEROVA

ALEXANDRE BORODINE

1834-1887

BIOGRAPHIE TRADUITE DU RUSSE PAR LUBA JURGENSON

ACTES SUD
HUBERT NYSSEN EDITEUR

PRÉFACE

Ce livre, je l'ai écrit dans les années 1936-1937, après avoir achevé ma biographie de Tchaïkovski. Cette fois, je n'avais pas les mêmes facilités : dans mon entourage il n'y avait plus personne de vivant qui ait connu Borodine. Il m'a fallu me contenter de documents : lettres, mémoires, journaux, articles publiés entre 1928 et 1934 dans les volumes de la collection Academia *ou dans d'autres ouvrages consacrés au groupe des "Cinq", pris ensemble ou séparément. Rien n'a été inventé par moi. Tout a été glané dans les pages de ces précieux volumes. La collection* Academia *a disparu en 1937, absorbée par la Maison des Editions de l'Etat, et ses créateurs ont été réduits au silence. Les savants qui collaboraient à* Academia *furent dispersés. Petit à petit, certains furent liquidés.*

N.B.

Octobre 1989

I

La maison de la mère – qu'il n'appelait jamais "maman", mais toujours "tantine", et peut-être croyait-il vraiment qu'elle était sa tante, en tout cas, c'était l'usage depuis qu'il était tout petit –, la maison de trois étages dans le quartier solitaire de Saint-Pétersbourg, au perron massif, aux fenêtres carrées, reluisantes de propreté, dans des encadrements ornés, donnait directement sur la cour des casernes Izmaïlov, où les soldats marchaient au pas. Borodine passait des heures à contempler leurs exercices. Le double vitrage l'empêchait d'entendre les ordres, mais les sons du tambour qu'il appréciait tant filtraient à travers, et pour peu que l'on ouvrît le vasistas, ils s'engouffraient dans la chambre en même temps que le froid sec. Au crépuscule, il s'assoupissait sur l'appui de la fenêtre. La maison comptait une nombreuse domesticité. L'intendante Catherine Egorovna et *Fräulein* Louison le cherchaient, mais il ne répondait pas, tapi derrière le rideau. Ne le trouvant pas, toutes deux prenaient leur ouvrage et s'asseyaient dans un coin du "salon", près d'une bougie dans un chandelier de bronze. Le buffetier venait leur faire la conversation. Un jour, Sacha entendit :

— Dire que madame avait failli faire une

fausse couche. Notre Sacha pourrait ne pas être là, Dieu nous en garde !

Lui, ne pas être là ? Quel étrange et terrifiant tableau que le monde sans lui ! La maison, elle, avec un lion sur un socle en fonte, serait toujours debout, et la neige tomberait, tout comme maintenant, sur un soldat attardé. Le lampadaire à huile éclairerait l'enseigne : "Ici on rase et on coupe les cheveux." Catherine Egorovna et Louison laveraient ses frères dans la petite baignoire, mais lui, il ne serait pas là. Et elle, qui aimerait-elle ? Il sauta à bas de la fenêtre, terrifié à l'idée qu'elle eût pu aimer quelqu'un d'autre. "J'étais assise sur l'appui de la fenêtre", aurait-il pu dire au féminin car dans ses jeux il devenait une petite fille. D'un bond, il courut vers la chambre à coucher de sa mère, et retrouva une béatitude sans bornes : la plus belle, la plus bonne, la plus intelligente des femmes était assise devant le miroir.

— Mon chou, mon petit chat en or, dit-elle, et elle l'embrassa sur les yeux. Il aperçut une tendre couche de fard sur ses joues, ses fins sourcils à peine soulignés de noir, il aspira le parfum qui émanait de ses épaules et de ses cheveux châtain clair.

— Je veux faire du tambour, dit-il tout en grattant avec le doigt le contenu d'une petite boîte. J'en jouerai pour toi, pour Louison et Marie. (Marie était une cousine qu'il voulait épouser.)

Tantine éclata d'un rire joyeux, et aussitôt, un autre rire, lent, assourdi, retentit dans un coin obscur de la pièce : c'était Louka Semionovitch Guédéanochvili. Avec sa redingote bleue, ses cheveux gris-vert séparés par une raie, son teint presque olivâtre, ses yeux brillants, d'une profondeur inouïe, immenses comme la surface d'un verre plein à ras bords, il était le reflet exact de son portrait accroché en face, à ceci près que sur la toile il ne riait pas et qu'il tenait dans ses mains presque noires de forme régulière, un Evangile. Louka Semionovitch allait sur ses soixante-dix ans, il était membre de la Société biblique.

Il venait tous les jours. Son attelage gris pommelé restait la moitié de la journée et de la nuit devant la porte. Pendant ce temps son cocher et son laquais, en vrais habitués de la maison , vidaient chacun deux samovars de thé chez Catherine Egorovna. Quant à la "tantine", depuis longtemps on ne l'appelait plus "mademoiselle", par respect pour ses vingt-cinq ans et ses trois fils qui, officiellement, portaient le nom de divers serfs de Louka Semionovitch. Or, elle était précisément une "demoiselle", Dounia Antonova de Narva : sa beauté, son charme, son intelligence lui avaient attiré l'amour d'un prince de la lignée des Imeretinsky.

Qui étaient ces paysans à qui Louka Semionovitch avait délégué sa paternité, ces Borodine, Alexandrov, Fedorov ? Plus personne ne s'en souvenait dans la maison. Sacha portait le patronyme de Porfirievitch, Mitia Sergueïevitch, Yénia Fedorovitch, et cela semblait naturel, tout comme le teint hâlé, les yeux en amande, et l'allure paresseuse de l'aîné, un garçon de onze ans, qui rappelait tant Louka Semionovitch ainsi que son mystérieux portrait bleu accroché dans la chambre à coucher de la "tantine".

Lent, indifférent à la vie, Sacha jouait à être une fille, s'endormait sur ses livres et grandissait dans son imprenable paradis d'enfant aux côtés de Marie, pas belle, mais fine, légère, qu'il asseyait sur le poêle refroidi avant d'y grimper lui-même ; ils s'allongeaient côte à côte, rêvaient de devenir mari et femme.

— Tantine, on peut se marier ? demandaient-ils.

— Mariez-vous si ça vous plaît ! répondait une voix gaie et sonore.

Ils avaient des poupées : Machka, Natachka, Niouchka. Un beau jour, il les pendit à une corde tendue entre la porte et la fenêtre.

— Louison, viens voir, je les ai toutes pendues par le cou, déclara-t-il, et Louison de pousser des "Ah!" et des "Oh !" Sur ces entrefaites arriva une certaine Hélène (dont il était éperdument et passionnément amoureux), qui déclara que c'était cruel de sa part. Grande, avec des pieds et des mains énormes, elle avait au moins trois fois son âge, mais en la regardant il se pâmait d'amour. Il fallait que son âme s'épanchât dans un chant, une danse, et il composa une polka. Louison la joua au piano, et Hélène – il lui arrivait à la ceinture –, la dansa avec lui. Abandonnée sur son poêle, Marie pleurait de jalousie.

A nouveau, c'est l'hiver, on entend le tambour dans la cour de la caserne. Il veut apprendre à en jouer. Mais entre ses cours de mathématiques, de latin, de physique, d'allemand, de philosophie, sa mère n'arrive à tailler qu'une demi-heure, pas pour le tambour, certes, mais pour la flûte. Alors, de cette même cour où s'exercent les soldats, on fait venir le flûtiste de l'orchestre militaire en bottes craquantes, sentant la campagne et le froid. C'est cinquante kopecks la leçon. Sacha est fou de joie. Louka Semionovitch, dans son fauteuil ciselé, pose l'Evangile et se bouche les oreilles.

Dans le salon, il y a des meubles tendus de soie et de cretonne, de grandes bougies, des miroirs et des gravures qui représentent la traversée des Alpes par Souvorov ; dans la chambre d'enfant, il y a ses frères, et dans l'office le monde mystérieux, loquace des domestiques. Soudain, la maison se remplit d'odeurs horribles. Des volutes de vapeur pestilentielle flottent dans les pièces. Sur les appuis des fenêtres, le piano, les buffets, les lavabos, dans l'escalier, on trouve des récipients laissés par Sacha. L'intendante, Catherine Egorovna se signe quand elle passe devant. Le premier-né de la "tantine" s'est mis à la chimie. Hier, une explosion a manqué d'éborgner Louison. Quelque chose a flambé, on a appelé les pompiers. "Mon petit chat en or, dit sa mère en se bouchant le nez avec un mouchoir, applique-toi". Je ne comprends rien à ta botanique, mais tu auras le meilleur professeur. Je n'ai pas d'instruction, moi, mais je veux que tu deviennes savant, et j'y mettrai le prix.

Ainsi, on ne lui refuse rien, mais on ne le considère pas encore comme un homme, et il ne se sent pas adulte. L'auteur de la "polka", ce chercheur intrépide en matière d'éthyle iodé, n'a pas le droit de traverser la rue sans sa *Fräulein*. Il doit se baisser pour passer la porte, un duvet foncé point sur sa lèvre supérieure, la voix devient cassante. A présent, quand il appelle "tantine" sa magnifique mère, cela sonne comme une ruse pour la rajeunir. Il rencontre un ami.

Entre eux, cela commença par une bagarre. Se tenant les cheveux, ils se roulaient sur le sol, cherchant à assommer l'adversaire. Puis, lorsque l'un eut un œil au beurre noir, l'autre le nez en sang, ils se jurèrent amitié éternelle.

Micha Chtchiglev habitait à Tsarskoïe Selo et faisait ses études à Pétersbourg. Il ne fallut pas insister beaucoup pour que "tantine" consentît à le prendre chez elle.

Ils firent du piano, se plongèrent dans les sciences à qui mieux mieux. Micha avait plus d'inclination pour le piano, Sacha pour la chimie. Parfois, une heure avant d'aller au lit, il fallait choisir entre jouer Beethoven à quatre mains ou s'attaquer aux éprouvettes, et il n'arrivait pas à se décider. Arrivé au finale de la *Huitième*, il se levait tout à coup pour regarder une préparation qui "macérait" à côté du poêle. "Où es-tu passé ? Eh, chimiste !"

Le voilà qui sort, svelte, le visage hautain. Il a mûri cette année-là, et on lit dans ses yeux oblongs, légèrement tirés vers le bas, un recueillement dû en fait à la distraction : un jour, Louison l'a rattrapé dans l'escalier, il partait sans pantalon.

Il jouait du piano avec Chtchiglev, puis se mit tout seul au violoncelle. La nuit, il bûchait la biologie de Wurtz. A chaque printemps, il passait d'innombrables examens, et en sortait toujours victorieux, en tête de liste. Bien évidemment, il les préparait chez lui, sa mère ne lui permettant pas d'aller en classe. Son monde n'était plus celui d'un enfant, mais c'était tout de même un petit paradis bien solide, où l'on étouffait de joie. Le bonheur était partout : quand ils allaient dans la famille de Chtchiglev pour un quatuor, lui avec son violoncelle sur le dos dans un sac de flanelle, Micha avec son violon sous le bras dans du papier journal, et quand ses maîtres lui promettaient un avenir brillant : l'Université, l'Académie – "Tout vous sera ouvert, Borodine. Des gens comme vous et Mendeleïev sont rares en Russie." Il avait alors quatorze, quinze ans. A seize ans, sa mère l'inscrivit comme "marchand de troisième guilde", et il entra à l'Académie, mais ne renonça ni aux concerts, ni à l'Opéra. L'interminable hiver pétersbourgeois était manifestement trop court pour lui : en long manteau de coupe élégante, les doigts brûlés par l'acide et non sans avoir négligé quelque détail de sa toilette, il courait à travers la tempête pour assister au séminaire du Pr Zinine, tout en fredonnant un "solo pour flûte".

— Borodine, laissez tomber vos romances, bougonnait Zinine, un grand travail sur les alcaloïdes vous attend, et vous vous amusez à griffonner des notes. Qui poursuit deux lièvres à la fois...

— C'est vrai, oh, comme c'est vrai ! répétait-il à part soi, mais pouvait-on manquer la première d'un nouvel opéra de Serov, ou le quatuor chez les Chtchiglev, ou le concert d'une célébrité de passage ; pouvait-on ne pas jouer, encore et encore, l'ouverture du *Rousslan* ?

A présent, lui-même puait : il sentait carrément l'amphithéâtre d'anatomie. N'ayant que seize ans, il était entré comme auditeur libre à l'Académie de médecine. Il était trop jeune pour choisir entre la médecine et la chimie. La vie le portait. Il ignorait ce qu'était le temps, il n'en manquait jamais, personne ne l'avait vu se presser, et pourtant, il réussissait, il devançait les autres. Le temps passait, et l'adolescent entrait dans la jeunesse, allait vers de nouveaux livres, vers de nouvelles gens. Le temps, parfois, s'arrêtait : un soir, vers huit heures, ils se mirent à jouer des quatuors de Beethoven (lui au violoncelle, Chtchiglev à l'alto, il y avait deux autres amis), et ne s'arrêtèrent que le lendemain soir, s'interrompant juste pour grignoter dans les assiettes de la salle à manger, boire de la bière tiède, du thé refroidi. Or, le calendrier avait perdu une feuille, et il valait mieux ne pas penser à ce qui s'était produit au laboratoire.

L'enfance le quittait comme une peau de serpent. Il délaissait son entourage féminin pour rejoindre ses camarades, pour rencontrer des étudiants. D'une rare robustesse, grand et beau, il avait un brin de paresse et de morgue dans son visage bien coupé. Les femmes ne le tracassaient pas : sa mère avait engagé par précaution une jeune femme de chambre, Anna Timofeïevna, qu'elle avait choisie selon son propre goût. L'ayant près de lui, à la maison, il n'avait pas besoin de chercher de tempête amoureuse ailleurs.

Ainsi la jeunesse arrivait et, bien sûr, il était l'homme le plus heureux du monde. Si quelqu'un faisait allusion à ses origines obscures, il ne s'offusquait pas, mais expliquait clairement son histoire. Si, chose rare, quelqu'un le devançait, il se réjouissait pour lui de tout son cœur grand et généreux. Attiré par l'art, il désirait la connaissance, une vie pleine dont il était lui-même une parcelle, pleine et belle. Certains de ses camarades, passionnés des romans à la mode, lecteurs de Dostoïevski et de Nekrassov, le regardaient avec étonnement, admiration et crainte.

Parfois il se rappelait cette soirée, ce crépuscule où il avait appris par un chuchotement que "tantine" aurait pu faire "une fausse couche". "J'aurais pu ne pas être ?" se demandait-il. "Le monde écouterait quand même du Haydn et du Mendelssohn ; les roses fleuriraient dans le jardin. Au printemps, la Néva se briserait et entrechoquerait des blocs de glace, sous le pont, près de l'Académie. Et moi, je ne serais pas là ? Non, je ne pourrais ne pas être !... Je ne pourrais pas..."

II

Une voiture attelée de six rosses un peu galeuses mais encore alertes prit la chaussée de Peterhof en direction de Hambourg. Les passagers somnolaient : deux au-dedans, deux autres sur une haute banquette à l'avant de la voiture. Un rideau de cuir les séparait des beautés du paysage nordique. De temps à autre, le conducteur leur sonnait de la corne dans l'oreille. Tous les quatre ouvraient alors un œil, ou les deux yeux, lançaient un juron inarticulé, maudissant la corne, la banquette dure, et le vent piquant qui soufflait de la mer. Le temps coulait lentement, déroulant devant leurs yeux l'invariable horizon plat et brumeux.

A l'intérieur de la voiture se trouvaient deux marchands allemands : l'un allait à Hambourg, l'autre à Magdebourg. Sur la banquette, à côté du conducteur, étaient assis Borodine et un jeune botaniste fort prometteur. Le sixième jour, à Königsberg, tous quatre montèrent enfin dans une voiture des chemins de fer. Lorsque vint le moment de se séparer, Borodine regretta presque ses compagnons de route, avec qui il avait bu beaucoup de kummel et mangé toutes les provisions que lui avaient données "tantine" et la "petite maman" (la femme de chambre engagée pour son divertissement).

Or, non seulement ils avaient mangé et bu, mais également chanté à quatre voix des chansons allemandes. Ils s'étaient aussi raconté leur vie. Borodine, lui, n'avait pas grand-chose à raconter, n'ayant pas encore vécu, mais cela le réjouissait de penser qu'il avait l'avenir devant lui. Il était à présent rattaché au deuxième hôpital de l'armée de terre, et se rendait à Heidelberg pour perfectionner sa chimie.

Si Borodine n'était pas préoccupé par son avenir, le Pr Zinine, lui, l'était. Il espérait beaucoup de son élève, et ne voyait pas d'un bon œil sa passion de la médecine. S'il l'envoyait à Heidelberg, c'était pour que Mendeleïev et Setchenov, jeunes chimistes et amis proches de Borodine, l'entraînassent complètement dans le cercle de leurs travaux, l'arrachassent à la médecine pratique. Si seulement Zinine savait ! Mais que devait-il savoir au juste ? Borodine l'ignorait encore lui-même, il sentait seulement qu'il ne pouvait se consacrer entièrement à la chimie, pas plus qu'à la médecine. Un obstacle le gênait. Il s'agissait de "son passe-temps favori", rien de plus, sans lequel, cependant, sa jeune vie heureuse et sereine devenait insupportable. Ce "passe-temps" ne pouvait, bien sûr, devenir une occupation à part entière : il avait consacré dix ans à autre chose, et puis, que diraient les gens ? A vingt-cinq ans, il était déjà connu à Paris, à Gênes, sans parler de l'Allemagne. Schutzenberger lui-même s'était récemment intéressé à ses travaux sur le benzédrine. Ce "passe-temps" devait en rester un, mais pourquoi était-il alors si troublé à l'idée que tout le monde n'était pas de son avis, que certains forçaient leur destin, brisaient leur "carrière" pour ce "passe-temps", qui devenait alors le but de leur existence ?

Cette idée le tourmentait. Dans la voiture, dans le train, elle l'avait empêché de réfléchir tranquillement à sa vie future à Heidelberg. Ce n'était pas de la jalousie, péché qu'il ignorait. D'ailleurs, qui pouvait-il envier ? Mais le souvenir d'une rencontre qu'il avait faite chez Ivanovski, le docteur de l'école d'artillerie, plus exactement de deux rencontres avec un officier, le rendait songeur et perplexe. Jamais personne n'avait tenu de tels propos sur la musique, ni joué de telles pièces. Jamais personne n'avait posé sur lui un si étrange regard, qui semblait ne pas le voir, comme si cet homme en savait long sur quelque chose que Borodine ignorait.

La première fois, ils étaient de service. L'homme était tout jeune, un peu fat. Ils avaient bavardé et fumé, et avaient envoyé chercher de la bière. La conversation portait, entre autres, sur Meyerbeer. "La musique est une belle chose, mais elle ne vaut tout de même pas qu'on brise sa vie à cause d'elle !" Sur cela, ils tombèrent d'accord.

La deuxième fois : "Mais nous nous connaissons, mon cher !" C'était un autre homme. Il s'appelait toujours Moussorgsky Modest Petrovitch, il avait les mêmes yeux, les mêmes mains nerveuses. Mais le regard qu'il jeta à Borodine avait changé, et quand il s'éloigna, revint, abandonna les dames qui caquetaient en réclamant une valse, refusa de jouer, annonçant au détour d'une phrase : "Oui, j'ai pris ma retraite, j'ai tout cassé, j'ai décidé de devenir compositeur", ce fut bouleversant et nouveau. Borodine le pria tout bas : "Jouez-moi donc une de vos œuvres." Et lui, avec un sourire : "Cela ne vous intéressera pas. En revanche, connaissez-vous un certain Schumann ?"

Borodine n'en avait jamais entendu parler. “Tenez, écoutez !” Cela aussi était bouleversant. Chaque mot, chaque geste de ce “retraité” éveillaient en Borodine une tempête d'enthousiasme, de curiosité et d'amour, et il était prêt à n'importe quoi pour faire durer ces sons et ces paroles, pour retenir cet homme svelte et nonchalant qui, sans doute, n'éprouvait pour lui que de l'indifférence.

“Je voudrais en entendre encore”, pensait Borodine, se rappelant la musique de Schumann, et Modest Petrovitch au piano. Après Schumann, Moussorgsky avait joué l'une de ses propres pièces : une chose étrange, complètement nouvelle, et il s'était interrompu... “Encore !” Mais déjà les rues de Heidelberg, claires et silencieuses, s'étendaient devant lui. C'était le matin. Des Allemandes nettoyaient leurs maisons au balai-brosse, des étudiants en képi de couleur marchaient vers lui.

— *Herr* Mendeleïev ? demanda-t-il, tout gêné, à la grosse propriétaire de la pension. Dmitri Ivanovitch, dépeigné, vêtu d'une large blouse déboutonnée sur la poitrine, courait déjà à sa rencontre, lui ouvrant les bras.

Borodine souhaitait prendre un bain de vapeur. On le conduisit alors dans un établissement où, en même temps que l'éponge et du savon, on pouvait louer un instrument de musique. Le soir même, on porta chez lui un harmonium.

“Soyez tranquille, ma chérie, je ne me suis pas marié, écrivait-il à sa mère, quelques mois plus tard. (C'était un printemps doux, ensoleillé, tout était en fleur, tout embaumait, tout scintillait.) Si, toutefois, je ne tiens pas le coup, si l'air de mai et le beau temps me rappellent trop que «chaque souffle» etc., eh bien Francfort n'est pas loin. Quatre guldens en tout et pour tout (c'est bon et pas cher)."

Et cependant, il ne se mit pas en quête d'amour payant.

Sa journée commençait tôt. Il se levait à cinq heures, se promenait, travaillait dans un laboratoire jusqu'à midi, déjeunait, puis travaillait à nouveau. Le soir, il fréquentait une maison où se réunissaient les Russes de Heidelberg : "la bariná était si gentille", surtout avec lui, elle lui pommadait les cheveux, nouait sa cravate. On y faisait de la musique, montait des tableaux vivants. Les conversations duraient jusque tard dans la nuit. On constitua même un quintette où il joua de la flûte. Setchenov et lui mangeaient des cerises à s'en faire crever la panse – trois kilos par jour –, et se goinfraient de lait caillé…

— Et c'est tout ? De véritab'es provinciaux ! fit Katia Protopopova, qui ne pouvait prononcer le *l*, plissant ses yeux myopes et jouant avec son parapluie. Elle venait d'arriver, mais déjà tout Heidelberg chantait ses louanges : une pianiste extraordinaire, qui avait une oreille absolument juste. Elle avait entendu parler de Borodine : une future célébrité, un boute-en-train, et bel homme, bref, le meilleur parti de Heidelberg.

— Que vais-je vous jouer ? demandait-elle habituellement, se mettant au piano et tournant son joli visage vers lui.

— La même chose, répondait-il, et elle jouait du Schumann. Cela le transportait d'enthousiasme.

— Savez-vous, ma chère Catherine Sergueïevna, disait-il ensuite, que vous et votre Schumann me faites passer des nuits blanches – et elle riait en toussotant, puis lui demandait de l'accompagner au *Schloß**. Il venait. Il s'attendait à ce qu'elle lui demandât son bras pour l'aider à sauter par-dessus les fossés, mais elle ne demandait rien. Un jour – il venait de terminer son travail sur la benzédrine –, ils étaient assis dans un bar, *Chez Wolfsbrunn.* C'était une journée d'été, des truites jouaient dans le bassin. Ils avaient monté des ânes et, à présent, ils s'apprêtaient à rentrer à pied. Il racontait des sottises pour la divertir, il pensait qu'elle incarnait ce qu'il y a de bon dans ce monde : cette journée, et la musique, et la joie suprême. Elle rit à n'en plus pouvoir, et à la fin devint sérieuse. “Vous devriez connaître non seulement Schumann, mais aussi Chopin. Vous devriez vous mettre à la musique pour de bon. Bien sûr, je comprends, vous êtes un savant, le reste ne compte pas pour vous…”

Elle avait du goût. Son professeur, un élève de Liszt, lui avait fait découvrir des musiciens contemporains. Bien de sa personne, nerveuse, avec un désir évident de perfection et de légers signes de tuberculose, elle montrait une nette autorité sur celui qui allait devenir son mari, et ses exigences étaient parfois un peu hystériques. Toutefois, souvent elle s'en remettait à lui avec une confiance absolue : elle pensait comme lui que la cérémonie du mariage avait quelque chose de “vulgaire” et de “tiré par les cheveux”, qu'il était “stupide et gênant” d'être fiancé. Elle n'était pas une jeune fille tout à fait ordinaire, à Moscou elle donnait des leçons à des enfants de nobles et comptait parmi ses amis Apollon Grigoriev, qui lui écrivait de longues lettres d'ivrogne.

Il prêtait l'oreille à ses paroles raisonnables,

* Château (all.).

il ne s'était jamais senti aussi bien. Qui sait, si elle s'était tue à cet instant, peut-être se serait-il senti encore mieux. Il aurait aimé la garder près de lui, avec sa conversation et son silence, son sourire et son zézaiement… "Sergueïevna, ma chère petite, fit-il tout doucement. Je vais vous dire quelque chose de terriblement risible. Préparez-vous : Soyez ma femme !… Voilà, c'est tout."

La veille, elle avait craché du sang, il le savait, mais puisque l'Italie existait ! Oui, elle voulait bien y aller, et qu'il l'accompagne (pour travailler à Gênes). Elle voulait bien se faire soigner. Elle voulait bien… Non, attendez un peu, pas ce que vous pensez. Pas si vite.

Sur le chemin du retour, comme ils traversaient un petit fossé, il la fit lâcher son long parapluie bleu avec une poignée en argent, et il la prit dans ses bras. "Ne pourrait-on pas se marier tout de suite ? Non ? Pardonnez-moi, excusez-moi. Mon adorab'e, ma mignonne", disait-il en singeant son défaut de prononciation. Elle riait, posait sa main sur la sienne, le regardait dans les yeux. Il l'amena chez lui et, de confusion et de bonheur ne sachant que faire, lui montra la grande armoire à linge qui se trouvait dans sa chambre.

Grand, avec des joues vermeilles et un léger embonpoint pris cette année-là, en costume et cravate de piqué, il faisait de longues promenades nocturnes sur les berges du fleuve.

Il chantonna à plusieurs reprises un thème qui lui trottait dans la tête, semblable à celui de *Tannhäuser* qu'il avait entendu à Mannheim, peu avant. Mais il n'aurait pas su l'écrire. Il se pressa de rentrer, pour le jouer. "Le voilà – il s'était mis à l'harmonium –, mais que vais-je en faire ? Où le mettrai-je ? Comment le ferai-je vivre ? Bon, on verra bien. Comment les choses vont-elles s'arranger, avec ma femme, «Madame le professeur», et la chaire de Zinine ? Comment va-t-elle se terminer, ma vieille et violente querelle avec Boutlerov ?..."

"Je ne vois rien d'étrange à ce que tu deviennes ma femme, à ce que nous soyons complètement ensemble. Cela me paraît même tout à fait normal", disait Borodine à sa fiancée. En effet, lorsque Katia (surnommée Zozo, Puce, Kokouchka, Amourine, Bouton, Pip, Mozoïka, Bleue, Miette) apparut dans son nouvel appartement de fonction à l'Académie, il eut l'impression qu'elle vivait là depuis toujours, près de son médiocre piano, dans la poussière de ses papiers, la vapeur de ses éprouvettes, la lumière des becs de gaz, le désordre douillet de sa vie nonchalante et laborieuse.

Elle redoutait un peu le défilé incessant d'étudiants, de quémandeurs, de jeunes filles, de parents à caser, les compères de la cuisinière qui dormaient dans les couloirs, dans la salle à manger à même le sol, dans l'escalier. Elle s'affairait beaucoup et inutilement, voulant mettre de l'ordre dans leur vie – et pourtant on ne dînait jamais à l'heure – ou s'occuper des invités, alors qu'ils étaient ici chez eux. Elle avait toujours peur : des plafonds déformés, des cambrioleurs, des chiens, des moineaux, des cafards, des moujiks ivres ou même sobres, de l'orage, des refroidissements, des domestiques, des brigands, de l'obscurité et de bien d'autres choses. Mais elle était heureuse du bonheur de Borodine, pleine de sa plénitude et, au milieu de ses innombrables tracas, de ses pressentiments, elle était consciente d'être entrée dans la vie d'un homme qui n'aimait que cette vie-là, et rien d'autre.

III

Mily Alexeïevitch Balakirev était assis au milieu du salon dans un fauteuil tendu de peluche, les mains croisées sur le ventre. Ses yeux ronds, intelligents sur un visage très russe envahi d'une épaisse barbe, étaient passionnés et sévères. En face de lui, un fauteuil semblable abritait un autre barbu, un géant à la crinière de lion, au profil d'épervier. Il portait un col plat à la mode, et la cravate que le peintre Kramskoï aimait tant et qu'il faisait mettre tantôt à Gontcharov, tantôt à Botkine, quand il ne la mettait pas lui-même. C'était Stassov. Borodine le connaissait, et d'ailleurs, comment eût-il pu faire autrement, puisque tout Pétersbourg le connaissait ? Partout on pouvait entendre sa basse puissante et profonde. Cet homme, qui dans sa jeunesse connut Glinka et dans ses vieux jours Scriabine, fut témoin de toute l'histoire de la musique russe : il vécut presque un siècle. Le troisième, dans ce salon de peluche, était un militaire d'un âge indéterminé, César Antonovitch Cui, lui aussi musicien. Enfin, quelqu'un se tenait dans le coin, appuyé à un piano, les cinq doigts plongés dans une chevelure abondante. Non plus deux, mais trois années étaient passées depuis leur dernière rencontre et, de nouveau, il était méconnaissable : l'officier fat, puis le civil élégant, avait à présent l'air d'un pilier de cabaret venu tout droit de la rue des Officiers. Oui, c'était Modest Moussorgsky, mais avachi, aux yeux écarquillés, aux grandes joues pâles. Son linge était défraîchi, son gilet de couleur parsemé de cendres de papirosses.

"Nous sommes réunis ici pour faire connaissance", dit Balakirev. (C'est ce que Borodine avait retenu de son discours, lorsque, le lendemain, il raconta la soirée à Catherine Sergueïevna.) "Nous sommes au complet, il ne manque que notre cher, notre talentueux (Stassov tonna : notre génial !) Korsinka. Il est en mer, car c'est un marin. Mais nous allons en jouer, ce qui permettra de le remplacer (Stassov : et comment !)."

Le serviteur allume les bougies du piano. On retire la peluche qui couvre son énorme couvercle verni, et on le relève. Moussorgsky joue le *primo*, Balakirev le *secundo*. Cui arrange son pince-nez et replie ses mains sèches et noueuses sur ses genoux ; Stassov, dont le fauteuil grince lourdement, tourne une énorme oreille vers le piano dans l'attente d'une "béatitude surhumaine" : Wagner lui-même "pourra aller se rhabiller".

Ces soirées apportaient à Borodine l'excitation et le bonheur indispensables à son âme, qui en sortait bouleversée. Il rentrait chez lui comme ivre, s'asseyait devant le piano et ne bougeait plus. Dix heures d'affilée, il jouait, réfléchissait, se rappelait. "Ah, mais arrête de me regarder, j'ai l'air abruti !" criait-il à Catherine Sergueïevna, quand elle levait les sourcils avec étonnement : "Tu n'as pas encore mangé ? Tu n'as pas dormi ?" Il demandait à ce qu'elle lui coupât les ongles – tout seul il n'y arrivait pas, ça faisait des “dents”. Puis, il s’y remettait. Il envoyait chercher du papier à musique, prenait un crayon et dessinait dans l’angle gauche supérieur une fine clé de *sol* sans queue en bas. Or, il était en proie à un tourbillon de sensations confuses et compliquées qu’il ne pouvait coucher sur le papier. “Cela ne peut plus durer. Non. Mily Alexeïevitch, petit père, venez à mon secours ! Enseignez à un professeur de l’Académie médico-chirurgicale un peu de solfège ! Je suis d’une ignorance crasse...”

Ce n’étaient pas de vraies leçons, et pourtant elles prenaient un tour scolaire, du fait que Balakirev avait un deuxième élève, Moussorgsky, qui venait pour les mêmes raisons. Balakirev n’enseignait pas, il se contentait d’expliquer “la forme des compositions musicales” et essayait de guérir Modest de son extrémisme, Alexandre Porfirievitch de son mendelssohnisme. L’occidentalisme de Borodine l’exaspérait et, plus que tout, il se mettait en colère quand Borodine affirmait que “même la langue commune des Slaves était l’allemand”.

Le changement que subit alors le goût de Borodine, qui s’éloigna des Allemands, si bien connus de lui dans les dernières années, pour se rapprocher d’un cercle auquel il n’avait adhéré qu’à la trentaine, son exode vers un Orient personnel, singulier, avaient un caractère si mystérieux, obstiné, irrationnel que Balakirev ne savait l’expliquer ni à lui-même, ni à Stassov, ni à Rimski-Korsakov revenu de sa traversée. “Vous allez entendre par vous-même !” disait-il à Korsinka, “c’est un chimiste, un médecin, un professeur ; les jours de fête, il met ses épaulettes. D’un certain âge, et avec une bedaine non négligeable. Se qualifie lui-même de «compositeur qui aspire à rester inconnu...» Et de nouveau, il se mettait au piano avec Modest Petrovitch, les bougies se reflétaient dans le couvercle verni du Becker ; le domestique arrêtait les pendules pour éviter qu'elles sonnent. L'allegro de la *Première Symphonie* de Borodine résonnait dans ce salon de peluche. Rimski écoutait, assis, et Borodine lui-même écoutait son œuvre, son jeu étant trop imparfait pour qu'il puisse faire le *primo*, ou le *secundo*.

Un manuscrit soigné, fait au crayon, passé au blanc d'œuf en guise de fixatif et qui avait séché comme un linge sur une corde tendue dans le salon (les fenêtres donnaient sur la Néva, et lorsqu'on relevait les ponts Rimski, Moussorgsky, Balakirev et Cui venaient en bateau) recouvert d'une écriture fine d'enfant, corrigé par Balakirev, était posé sur le pupitre. Cette fois-ci, il s'agissait d'une romance, une deuxième attendait à côté. "Je compose énormément, c'est terrible ! Tu devrais me l'interdire", disait-il à sa femme. Alexandra Pourgold les chantait, sa sœur cadette Nadejda l'accompagnait. Dargomyjski écoutait, son col grand ouvert laissait voir sa poitrine maigre et brune.

On chanta *Le Convive de pierre* : Stassov pleura et gémit d'enthousiasme. Après le dîner, on enchaîna sur une pièce apportée par Moussorgsky, *Le Mariage* de Gogol, sans libretto, tel quel : c'était sauvage, presque effrayant. "Vous y allez un peu fort", fit Borodine qui était assis avec un chat sur les genoux, un autre sur l'épaule et un troisième sur la tête. Emu, il prit ce dernier par la peau du cou et le posa sur la table dressée pour le thé. Le chat renifla le sucrier, le pot à lait, se mira dans le samovar. "Oui, un peu fort, répéta-t-il, et Moussorgsky, qui chantait la partie de Podkolessine

(Dargomyjski, lui, chantait Kotchkarev), fit lui-même un geste d'étonnement.

Une autre fois, ce fut *La Pskovitaine*, apprise sur-le-champ, puis *Radcliff*. Les uns chantèrent, les autres les accompagnèrent, chacun faisant ce qu'il pouvait. Ces soirées, qu'elles eussent lieu chez les Pourgold, chez Cui ou chez Borodine, étaient faites de travail et d'inspiration, tout comme leurs journées qu'ils passaient, chacun dans son coin, à écrire, à jouer ou à réfléchir.

"Ecrivez-vous la nuit, quand tout le monde dort ? Le matin, à tête reposée ? Pendant la journée, entre les cours ? Ou le soir, à l'heure où l'inspiration est la plus poétique ?" Ces questions le faisaient sourire de confusion. Il ne savait pas à quel moment il écrivait, ni même s'il écrirait un jour quelque chose de valable, s'il trouverait le temps. Voici longtemps que ses nuits et ses jours se ressemblaient. Katia souffrait d'insomnies. Ses crises d'asthme duraient jusqu'à cinq heures du matin, et pendant ce temps Borodine composait, le pied sur la pédale gauche dans une vieille pantoufle brodée par quelque imbécile amoureuse (il ne retenait jamais les noms). C'était une symphonie qu'il créait, sa *Première symphonie en* mi *bémol majeur*. On en disait du bien, mais qui pouvait savoir si le résultat serait bon, et même s'il y aurait un résultat ?

L'appartement, plein de parents indigents (les siens et ceux de sa femme), de truands recueillis par pitié qui tombaient malades et même parfois devenaient fous, de chats de toutes les espèces dont chacun avait sa biographie, nom, prénom et patronyme, ce quatre-pièces en réfection permanente, à la plomberie défectueuse, malodorant, envahi de cafards, de punaises que l'on exterminait de temps à autre et de rats dont, faute de mieux, on avait confié l'extermination aux chats, ce logement de fonction qui contenait tant bien que mal sa bibliothèque et son laboratoire était trop exigu pour sa musique.

— Avons-nous déjeuné aujourd'hui ? demandait-il à sa "Coco", "Mozoïka", "Sopik", éternellement enrhumée, mais qui s'obstinait à marcher pieds nus (on disait que cela faisait du bien). Nous avons déjeuné ? Eh bien, c'est que j'en ai pris l'habitude, et un deuxième déjeuner ne me ferait pas de mal.

Korsakov entre, le visage sévère, les sourcils froncés :

— Mily Alexeïevitch ne veut plus entendre parler de vous. L'avez-vous écrite, enfin ?

— Oui, je l'ai écrite. (Non pas la coda, mais une lettre.)

— L'avez-vous transposée ?

— Oui, je l'ai posée (sur la table).

— Seigneur ! fait Korsakov, perdant patience. Quand cesserez-vous donc de tourner autour du pot (il aimerait dire "autour des éprouvettes") et vous mettrez-vous à l'ouvrage ?

— Vous êtes drôle ! De quel ouvrage parlez-vous ?

L'air de cet appartement empoisonne tous ceux qui y viennent, et voilà Korsakov qui dîne à onze heures du soir et, après avoir joué et chanté tant bien que mal le deuxième acte de *La Pskovitaine*, reste dormir. Déjà le jour se lève.

Une neige légère tombe sur la Néva emprisonnée par les glaces. L'air gris perle est frais. Sur l'autre rive, telle une goutte d'eau, brille une lanterne à pétrole. Un cocher sans client, tout couvert de givre, somnole près d'un pont…

La *Symphonie en* mi *bémol majeur* était terminée. Balakirev la dirigea lors d'un concert à la Société de Musique en janvier 1869.

La critique parlait d'"un nommé Borodine écrivant du pied gauche" ; le public, lui, cherchait à l'attirer sur la scène, car, au dire de tous, il était bel homme et portait un uniforme de général... Après le concert, gêné devant les professeurs et les étudiants qu'il connaissait, il s'étonnait qu'un balourd et un paresseux comme lui eût une vie si riche en événements ; il fuyait les dames, serrait la main de Balakirev, remerciait, tombait dans les bras de Stassov, écoutait les paroles chaleureuses de Moussorgsky, qui valaient leur pesant d'or.

— Pauvre Dargo, dit quelqu'un, demain matin il faudra aller lui raconter...

Dargomyjski, malade du cœur, se mourait ce soir-là, seul dans un appartement vide. Il savait que le concert aurait lieu. Il attendait que l'on vienne le trouver, même tard, pour raconter. Mais les cinq, arrivés devant sa porte à une heure du matin, ne voyant pas de lumière, s'en retournèrent chez eux. Il attendit en vain. On alluma une bougie dans sa chambre ; la vieille cuisinière, sourde et ensommeillée, tournait autour de son lit. Il attendait. Il se rendait compte que sa vie s'achevait. En fait, elle avait fini le jour où il avait marié sa Lioubotchka avec M. Enghelgardt. Lioubotchka était de trente ans plus jeune, il fallait la caser. Il le fit. Sa vie s'achevait, et dans son souvenir, à l'heure de ce dernier bilan, elle lui semblait lumineuse au début et à la fin, mais sombre au milieu : il n'y voyait alors que pauvreté, labeurs, vexations. Seule la rencontre de Glinka, au début de ce chemin de ténèbres, éclairait tout, faisant pont avec les dernières années, où l'admiration des cinq, au milieu de la vieillesse et de l'oubli, lui avait apporté de l'amour et des hommages. "Je crois qu'on a frappé !" cria-t-il à la femme, endormie dans son fauteuil. Mais il n'y avait personne. Etait-il possible qu'ils ne viennent pas ? Qu'ils ne lui racontent rien, ne lui disent même pas adieu ?

Une aube de janvier, couleur perle, collait aux fenêtres, rendant inutile la dernière bougie. Au moment de mourir, il écrivit sur la couverture d'un livre : "Que Cui et Kors. trient mes papiers." (Il s'agissait des brouillons du *Convive*.) Korsakov fut le premier à venir ce matin-là pour faire un récit détaillé du concert : on pouvait parler d'un relatif succès. Alexandre Porfirievitch avait été applaudi après le scherzo…

Dans la chambre à coucher, on était en train de laver le corps du vieil homme malingre, et Korsinka dut patienter dans l'entrée.

IV

On démolit deux cloisons, et l'on descendit sur des cordes l'éléphant du Musée zoologique. Il y eut une visite de la "tantine" ; la chatte Machka eut six chatons. Borodine illustrait ces événements de la vie quotidienne avec des dessins au crayon de couleur, des chansons et des poèmes. L'atmosphère de sa maison, envahie de domestiques indisciplinés et voleurs, de pupilles, de cousins et d'invités prédisposait au farniente. Aussi restait-il assis en vieille robe de chambre, les cheveux pas coupés depuis longtemps, attachés derrière, le front déjà bien dégarni, et il buvait jusqu'à neuf verres de thé à la suite, évoquant les malheurs et les maladies qui frappaient sans cesse la nombreuse famille de Catherine Sergueïevna et la sienne. A cela venaient s'ajouter les ennuis à l'Académie, les élections au conseil, les troubles estudiantins, la réfection du bâtiment commencée depuis cinq ans, mais dont on ne voyait pas la fin. Sur les demandes insistantes des Borodine, on finit par transférer ailleurs le cabinet d'anatomie comparée ; après maintes démarches, on répara la plomberie : les poêles fumèrent moins, l'humidité baissa. Quant aux rats, ils refusèrent de quitter cette vieille demeure glaciale qui s'effritait à chaque crue de la Néva.

La salle à manger, sombre et exiguë, réunissait chaque soir un monde tout à fait disparate. Il y avait le dernier amoureux de la "tantine", un homme d'âge respectable avec des favoris. Elle-même jouait encore de la guitare, parfois même dansait, mais parlait déjà sérieusement de partir dans une maison de retraite. Il y avait quelques cousines sans âge, qui travaillaient comme gouvernantes ; de jeunes chimistes, un violoniste sollicitant une bourse du conservatoire, deux ou trois demoiselles qui étudiaient la chimie et une femme très jeune, très pâle, qui venait de perdre un enfant. Elle parlait de l'égalité, de l'instruction pour les femmes ; sa coiffure et ses manières rappelaient Pauline Sousmova, l'amante de Dostoïevski. Sa place était sur un petit banc aux pieds de Borodine. Elle le dévisageait de ses grands yeux malades. Elle avait vingt ans, lui, approchait de la quarantaine. "Elle est pour moi comme une fille, comme une sœur", disait-il à Catherine Sergueïevna qui faisait les cent pas en fumant.

Après le départ des invités, celle-ci ne fermait pas l'œil de la nuit. Mais le lendemain, comme Anka revenait et, à nouveau, s'asseyait aux pieds de Borodine, lui baisait les mains devant tout le monde, Catherine Sergueïevna, avec un sourire forcé sur un visage exténué, disait qu'ils auraient pu en effet avoir une fille comme elle.

Anna Nikolaïevna Kalinine, dès son plus jeune âge, s'était "passionnée d'idées", mais l'accouchement avait brisé sa santé, et la mort de l'enfant son équilibre. Menacée de cécité, tourmentée par des crises d'épilepsie, elle perdit, après plusieurs opérations, tout espoir d'avoir d'autres enfants. Le problème de l'instruction féminine, largement débattu dans la Russie, l'excita ; la rencontre avec Borodine qui s'était chargé de créer une école de médecine pour femmes, détruisit définitivement son calme.

Elle venait vêtue d'une robe noire au col fermé qui donnait plus d'intensité encore à son visage exalté. Elle s'asseyait par terre, la tête sur les genoux de Borodine, et ne bougeait plus de la soirée. Gêné au début, il avait fini par s'y habituer. Bientôt, il sentit que l'amour de cette créature fantasque, déséquilibrée, féline introduisait dans sa vie un charme destructeur.

— Le sentiment que j'ai pour toi n'a rien à voir avec ce que je ressens pour Anka. Toi, je t'aime comme ma femme. Elle, je l'aime comme une fillette, gentille, sympathique, à qui je peux (et je dois même) faire le maximum de bien, qui a besoin de moi comme d'un appui pour sortir de sa condition d'esclave.

Catherine Sergueïevna écoutait, mordant son mouchoir, les yeux étincelants, passant de paroles blessantes au désespoir hystérique. A la fin, elle saisit le premier panier qui se présenta et commença à y ranger ce qui lui tombait sous la main : elle rentrait à Moscou, chez sa mère.

"Le climat de Pétersbourg ne lui vaut rien, répéta Borodine à tout le monde pendant les trois années qu'elle passa à Moscou. Ces brouillards, ces vents..."

Resté seul, il eut le temps de réfléchir à ce qui lui arrivait.

"Tu dois comprendre, écrivit-il à Moscou, qu'Anka n'est ni ma maîtresse, ni ma femme. Même si une fois elle s'est trahie en me proposant de m'attendre à l'étranger jusqu'à ce que je sois libre, ce n'était qu'un espoir d'enfant, tu le vois bien, et elle l'a saisi comme une petite fille n'ayant pas le courage de s'avouer que son départ à l'étranger mettrait précisément fin à tout espoir. Tu dois comprendre que nos relations n'ont rien de sensuel, ni même de passionnel. Avec elle, je reste parfaitement calme, aucune pensée pécheresse ne trouble mon âme. Je me rafraîchis en sa compagnie.

"J'aime la regarder, j'aime sa voix frêle d'enfant, ses yeux clairs qui s'animent dès qu'elle me voit, j'aime la voir plisser le nez. Pécheur que je suis, je ne déteste pas qu'elle m'embrasse la main. Elle le fait avec tant de simplicité, une telle absence de passion que je ne le ressens pas comme la caresse d'une femme aimée. Elle m'a dit : est-ce ma faute si je vous aime tant ? Quand on rencontre un tel trésor, on ne peut que l'aimer !"

Il n'avait jamais fait de lui-même un premier pas. Mais du moment qu'on le poussait, il avançait et ne reculait plus. La "tantine" l'avait jadis encouragé à la chimie, Balakirev l'avait initié à la musique, Catherine Sergueïevna l'avait rendu amoureux d'elle, et il l'avait épousée. Anxieuse et jalouse, elle n'avait pas peur, lorsqu'ils se quittaient, qu'il eût un coup de foudre, qu'il la trompât. Elle disait : "J'ai peur des attaques." Et les attaques ne manquaient pas, car il plaisait à tout le monde : aux gens de son âge, aux étudiants, aux musiciens, aux enfants, aux femmes. Des attaques avaient donc lieu. "Mais j'ai tenu bon", écrivait-il habituellement. "J'ai eu un succès fou, j'ai plu à plusieurs dames", avouait-il parfois, mais comme il n'éprouvait jamais de fortes passions ni ne désirait en créer artificiellement, comme si les sentiments qu'il provoquait le laissaient indifférent. Il était trop pris. Il manquait d'ardeur. Sa relation avec sa femme était telle qu'il lui racontait où il avait été, ce qu'il avait fait, qui il avait vu. Dissimuler ou mentir lui semblait bien trop compliqué.

Mais Anka le touchait. "Pourvu que les choses en restent là ! se disait-il, alors Katia comprendra que ses intérêts ne sont pas menacés." Anka comblait un manque dans son existence : elle lui apportait l'admiration de la jeunesse, non seulement pour le savant ou le musicien, mais pour sa personne entière, qu'elle avait si bien devinée, toute nerveuse et fantasque qu'elle fût. Or, c'était cela même qui détruisait sa vie de famille. A présent, il dormait chez des amis.

On pouvait le rencontrer à une réception officielle de l'Académie : en grand apparat, avec uniforme et toutes ses décorations ; on le voyait en redingote et pantalon de tricot anglais, cravaté d'une lavallière, avec manteau de fourrure et chapska de mouton – il ressemblait alors à son père, le prince Guédianochvili –, ou en veste de Manchester brodée d'un liseré. Grand, fort, chauve, avec une barbe grisonnante, il parcourait Pétersbourg. Un jour, il dormait chez la "tantine", le lendemain chez un ami (dont la femme reprisait son linge). Une autre fois, c'était dans un appartement inconnu, pas chauffé, d'où il courait à l'Académie pour faire sa toilette du matin. Pourquoi ne restait-il pas chez lui ? La maison lui était devenue insupportable : en l'absence de Katia, les domestiques volaient et disaient des grossièretés ; les travaux dans le couloir n'en finissaient pas, et Anka, profitant qu'on entrât chez lui comme dans un moulin, venait “en fille”, “en sœur” pour lui confier ses hallucinations.

Il n’avait plus sa vitalité d’antan. L’autorité, la volonté ferme de Katia, même ses remarques, ses apostrophes lui manquaient : personne pour dire qu’une chose était interdite ou ne se faisait pas. Interdit de se laver tout nu (alors qu’il aimait cela), de s’essuyer les mains dans la serviette de l’autre. “Voici des lustres que je m’apprête à prendre un bain de vapeur”, avouait-il à présent avec tristesse, et les gens se disaient en aparté qu’il avait vieilli.

Chaque fois qu’il rentrait, pour changer de linge ou prendre un livre, il ne pouvait s’empêcher de s’exclamer que malgré une vitre cassée et les rats qui prospéraient toujours, Katia pourrait revenir. Tant pis s’il devait renoncer à avoir un bureau, c’était sans importance. Ils pouvaient bien dormir dans la salle à manger, dîner dans le salon. C’était même mieux. Il se rendait à l’Académie, donnait ses cours, écrivait un mémoire pour les *Bulletins*, vérifiait les comptes du laboratoire : on avait acheté tant de chiffons en coton de taille moyenne, il fallait commander du mercure en Allemagne… De retour chez lui, il restait longtemps dans le couloir à chanter sur tous les tons : “Pardonnez-moi, excusez-moi… Je n’ai pas fait exprès. Pas fait exprès. Ex-près.” (Katia ronchonnait quand il chantait dans le couloir.) (Ici, comme d’habitude, il n’y avait ni saison, ni jour, ni nuit : il faisait froid, humide et sombre. Le gardien ivre ronflait.)

Il entrait dans les chambres. Voici le pupitre où il écrivait. Son piano. Tant pis ! Il n’écouterait plus Stassov, ni personne. Ils le poussaient à tout laisser tomber pour se consacrer uniquement à la composition. Ils venaient le voir avec des ébauches de *La Fiancée du Tsar*, lui demandaient d'écrire, alors qu'il avait d'autres chats à fouetter, et puis quelle drôle d'idée : lui, écrire un opéra ! Ce serait déjà bien s'il arrivait à achever l'orchestration de sa deuxième symphonie (rien de moins évident, car il avait perdu ses brouillons). Il avait composé les parodies de ses romances dont Moussorgsky et Rimski raffolaient, et franchement, elles n'étaient pas moins bonnes que les romances elles-mêmes. Hélas, il ne pouvait les chanter à personne à cause des paroles un peu indécentes.

Il sombrait dans la mélancolie. La cause en était évidente : on l'avait privé de son cadre de vie habituel, celui qui lui avait été donné par le destin. Anka, avec ses lubies, son adoration, le mettait de plus en plus mal à l'aise ; Katia, de son côté, refusait de comprendre que c'était “une sœur”, “une fille”, qu'il ne souhaitait pas tomber amoureux, ne recherchait aucune passion.

Il demeura chez lui environ une semaine, dans un insupportable état d'abattement.

“Un beau matin, on sonna à la porte. C'était A.”, écrivit-il plus tard à sa femme. C'était plus fort que lui, il fallait qu'il lui raconte tout. “Elle m'a d'abord demandé de tes nouvelles et m'a dit qu'elle était venue à Pétersbourg seule (sans son mari). Nous nous sommes salués et embrassés très cordialement et simplement, sans passion aucune. Son visage respirait une joie non feinte. Je l'ai conduite dans mon bureau. Elle s'est mise à me parler de ses tourments. Quand elle a eu fini, j'ai décidé de remettre les points sur les *i*, et je lui ai déballé toute ma réserve d'arguments préparés à l'avance. J'avais les larmes aux yeux.

Je lui ai parlé de la “fraternité”. Elle m'a interrompu. “Qu'est-ce que cela change, que je sois votre sœur et non pas votre fille ? Je suis bien avec vous, je ne vous demande rien, je n'espère rien.” Puis, elle a embrassé ma main avec force et elle a ajouté : “Vous êtes bon, voilà ce qui compte !”

Sa jeunesse l'attendrissait, lui serrait le cœur. Cette femme frêle,qui avait déjà tant souffert, lui rappelait des images de son enfance, et ses larmes se mettaient à couler.

Après qu'elle fut partie, il resta longtemps seul à pleurer. Il comprenait qu'un homme marié, plus très jeune, comme lui, n'avait rien à faire avec cette femme mariée, elle aussi, et très jeune. Il fallait que cela cesse. Et, faute d'une âme sœur qu'il pourrait combler de tendresse, d'affection et de soins, dont il avait des réserves inépuisables, il fallait faire revenir l'autre, toujours malade, acariâtre, vieillie trop tôt, et cependant aimée. Empêcher qu'elle se rende à l'hôtel, aller la chercher lui-même. Il ouvrit la fenêtre, d'abord l'un, puis l'autre battant, et il resta debout à respirer l'air doux, presque marin du printemps. Il louerait une datcha pour l'été, un poulailler exigu et incommode avec un poêle russe, où il n'y aurait même pas de piano. Katia respirerait avec un masque, tout serait compliqué et difficile, chaque pas entraînerait soucis et fatigue, mais il se déshabituerait des élans d'Anka, il commencerait à l'oublier. Les joies de la vie familiale, les livres, les réflexions le sortiraient de sa mélancolie, et il retrouverait sa vie d'autrefois, celle qu'il aimait, la seule, il n'en voulait pas d'autre. Finies les larmes, finies les grandes découvertes en chimie, les tempêtes, les exploits, et *Le Dit d'Igor*, un opéra avec lequel Stassov tâchait de le séduire depuis peu.

V

— Qu'est-ce qui vous prend ?... Je n'ai pas le temps... Pas le temps de m'amuser ! répétait Borodine en fixant ses mains. Il n'osait pas lever les yeux sur Korsakov fâché et tout rouge, qui rallumait le samovar en agitant ses longs bras semblables à des ailes. Ce serait de la folie si je m'y engageais ! Reprenez ça !

Alexandre Porfirievitch repoussa une feuille de papier à musique que Korsinka lui présentait avec tant de sollicitude, portant un titre : *Le Prince Igor.* Opéra en quatre actes d'A.P. Borodine.

— Enlevez-moi ça. Croyez-moi ou non, mais ce sujet ne m'inspire plus.

Tout d'abord, Borodine était persuadé qu'il n'écrirait jamais un opéra ; puis, de toute évidence, une épopée, et qui plus est, une épopée russe n'était pas dans l'air du temps. Quoi qu'aient pu dire Moussorgsky et Balakirev, quoi que marmonnât à son oreille Stassov qui fut le premier à lui souffler cette idée, c'eût été aller contre son époque. Ils n'y comprenaient rien. D'ailleurs, sa femme lui disait :

— Tu n'y penses pas ! Qui écrit de pareils opéras aujourd'hui ? Un sujet d'actualité, voilà ce qui convient... Et puis, tu n'y arriverais pas !

La soirée d'avril 1869, où naquit l'idée du *Dit d'Igor*, était une soirée ordinaire. Ils se trouvaient dans le salon de la sœur de Glinka, ils firent de la musique, burent du thé, admirèrent *Boris*. En parlant avec Stassov, Alexandre Porfirievitch avoua qu'il aurait aimé, lui aussi, tâter de l'opéra, bien qu'il fût occupé à écrire la symphonie en *si* mineur. Stassov s'enflamma comme lui seul savait le faire, ne dormit pas de la nuit, réfléchit, trouva le sujet, écrivit le scénario et, à l'aube, il débarqua chez Borodine hurlant depuis l'antichambre, alors que tout le monde dormait :

— J'ai l'opéra ! J'ai le scénario ! Pour commencer, je vous apporte les *Chroniques du couvent* d'Ipatiev et mon résumé ! Le reste, je vous le fais porter ce soir de la bibliothèque publique !

— Qui ne risque rien n'a rien, avait alors répondu Alexandre Porfirievitch.

A présent tout était oublié, et les morceaux déjà écrits servaient à mettre du sable pour le chat ou à couvrir des bocaux. C'étaient : le rêve d'Iaroslavna, la marche polovtsienne, la romance de Kontchakovna et d'autres choses, il ne se rappelait plus au juste… Toutes ses idées, il les avait perdues.

Décidément, il était parfois surpris de voir à quel point ses amis prenaient au sérieux ses exercices musicaux. Ils le bassinaient depuis longtemps avec cet opéra. Balakirev lui avait imposé *La Fiancée du Tsar* de Meï, il avait même commencé quelque chose, mais avait abandonné, bien sûr. Et voilà maintenant *Igor*. A chaque rencontre, il avait littéralement honte de leurs airs interrogateurs, de leurs questions : Alors ? Ça avance ?

Le regard coupable et ensommeillé, il fixe ses mains, il baisse la tête, comme quand sa femme le réprimande pour avoir pris sa serviette de toilette. Ils ont inventé une nouvelle ruse pour le faire travailler : il s'agit d'écrire à cinq un opéra-féerie, *Mlada*, pour le théâtre Marinski, une commande. Korsinka s'y est déjà mis, et Cui, et Modest, et Mily Alexeïevitch. Il n'y a plus que lui, et il commence. Il doit faire "Le Chœur du sacrifice à Radegaste", il n'y a pas une minute à perdre. Le chœur achevé, il enchaîne sur "L'Apparition des ombres" et "La Scène de la passion" et, dans la foulée (j'ai attrapé un rhume, j'ai donc eu du temps libre), il compose *L'Inondation du temple et la mort de tous...*

"Voyez ? Qu'est-ce que j'ai dit ! répète Moussorgsky, il ne peut travailler que sur commande, que sous la contrainte !"

Mais la direction du théâtre déclare la féerie trop difficile et onéreuse à monter, et Borodine reste avec "L'Apparition des ombres" et le "Radegaste" sur les bras.

Les jours s'agglutinaient en mois, les mois en années. Le milieu dont, aux yeux de tous, Alexandre Porfirievitch faisait partie, celui des professeurs et des étudiants de l'Académie, celui des savants russes, n'avait entendu parler ni d'*Igor*, ni de *Mlada*, ni des soirées chez la sœur de Glinka, ni des succès de Korsakov, ni de la lente agonie de Moussorgsky, ni de la folie religieuse de Balakirev. Mendeleïev, Sklifassovski, Botkine, Boutlerov le considéraient comme un des leurs, il avait des étudiants, sa renommée ne cessait de croître, franchissant les limites de la Russie, son nom était cité au même titre que ceux des chimistes européens. Pourtant, ce milieu ne lui demandait pas plus qu'il ne pouvait donner. La "bande" de Stassov attendait de lui un miracle et le tourmentait par sa foi en lui, mais les amphithéâtres et les laboratoires, à travers l'immense amour et respect qu'on lui portait, perçait à présent une légère surprise, un début de déception peut-être. Ce n'était certes pas son talent de chimiste que l'on mettait en cause, c'était l'homme qui étonnait, son indifférence pour la gloire, voire pour le travail lui-même. On eût dit que le sort pesait sur ses découvertes : à peine tombait-il sur quelque chose de nouveau qu'un Allemand inconnu, ou une sommité mondiale, un biologiste français, trouvaient la même chose pratiquement le même jour. Borodine, en l'apprenant, ne faisait que sourire, montrant par là son indifférence à ce qui, aux yeux des gens qui l'entouraient, passait pour le plus important du monde.

Oui, le sort pesait sur lui... Il se l'était dit plus d'une fois. Il y pensait dans le train qui l'emportait à Kazan, un été où il réussit à se dégager pour aller à un congrès de naturalistes. Il s'y rendait en tant que savant, auteur de nombreuses publications, professeur de l'Académie. Pourtant, nul n'ignorait que son travail sur les anhydrides était paru en même temps que celui, célèbre, de Schutzenberger. On se souvenait encore de cette réunion où, entrant dans la salle pour faire son exposé sur l'aldol, il avait aperçu entre les mains de quelqu'un le travail de Wurtz sur le même sujet, qui venait de paraître. Dans ses travaux sur l'aldéhyde il avait été doublé par Kekule et lui avait cédé la première place sans discuter. "Cette maudite musique me gêne !" pensait-il en allant à Kazan. Il avait honte comme dans son enfance, lorsqu'on le surprenait en train de faire une bêtise, et il se promettait de "ne plus s'amuser à composer des romances".

Le Quatrième Congrès des Naturalistes et des Médecins, qui se tenait à Kazan, une ville universitaire depuis un demi-siècle, avait été organisé avec un faste extraordinaire et un confort que l'Europe eût pu envier. Messieurs les savants avaient droit à une réduction de cinquante pour cent en première classe, à l'aller et au retour ; ils étaient logés chez des professeurs de Kazan (il y avait du savon parfumé sur le lavabo et du papier à lettres dans un sous-main en velours). On leur servait du caviar et de l'esturgeon à volonté ; une visite dans les étables où on préparait le koumys (le lait des jeunes juments) était prévue. Au déjeuner, on apportait des crabes longs de sept *verchoks**. Borodine, qui partageait sa chambre avec Mendeleïev, se goinfrait de crabes et de pastèques, comme jadis à Heidelberg. Dmitri Ivanovitch restait nu le matin, buvait du kvas et chantait des romances sentimentales.

Les réunions et les exposés se suivaient à un rythme d'enfer. C'est tout juste si, entre les conférences du matin et celles de l'après-midi, les professeurs de Kazan trouvaient le temps de régaler ceux de la capitale, et de porter des toasts en buvant des vins français. Le soir, ils étaient reçus par le maire de la ville ou allaient au théâtre, quand ce n'était pas à l'hôtel de Geltoukhine pour boire du champagne et chanter *Gaudeamus*. Le lendemain, il y avait d'autres exposés, des élections aux comités et aux commissions et, tard dans la nuit, des danses : la *kamarinskaïa* (sans redingotes), le quadrille (sans dames), la mazurka. Les

* Ancienne mesure de longueur égale environ à 4,45 cm.

hommes s'amusaient à faire sauter en l'air un des leurs pour le recevoir ensuite sur les bras, à crier "hourrah !", à trinquer à la *Bruderschaft*. A peine avait-on bu pour un savant qu'on recommençait, et cette fois-ci on levait son verre pour "l'honnête homme" (il y avait là des libéraux invétérés). Puis, on buvait pour tout le monde en général, pour une école supérieure des femmes et pour les femmes en tant que telles… Des barbes dépeignées, des visages cramoisis, des têtes chauves : c'était la fête, le claquement des talons, les chants, les discours enflammés et la mazurka endiablée, avec Boutlerov en tête, à quatre heures du matin. Une nuit gaie, ivre, bruyante.

En l'honneur de Borodine et de son amour pour la musique ("Oui, oui, cher, ne vous défilez pas, on connaît votre péché mignon"), on organisa deux soirées de quatuors. Kazan se montra à la hauteur : on trouva des musiciens, et même quelqu'un à qui Moussorgsky n'était pas inconnu. Pendant le dîner, on plaça Borodine, tout attendri, entre une jeune télégraphiste et une bariná de Kazan qui lui serrait la main d'un air entendu, le remerciant de son intérêt pour "la cause féminine".

Il retourna à Pétersbourg. Ces deux soirées de quatuors l'avaient particulièrement ému. Le jeu n'était pas extraordinaire, le répertoire non plus, mais c'était quand même de la musique, ce qu'il aimait le plus au monde. Personne, ni Schutzenberger, ni Wurtz, ni Kekule, ne pouvait le dépasser sur ce terrain-là. De nouveau, l'hiver fonçait sur lui, avec les cours, et l'école pour les femmes à laquelle il consacrait à présent toutes ses forces, enfin presque toutes, car il en gardait un peu pour lui-même : la nuit, désertant la chambre où sa femme déplorait leurs insomnies communes, il se mettait au piano.

Lorsque Korsinka venait, ils jouaient de nouveau à quatre mains, se passionnaient pour des instruments à vent, écoutaient la femme de chambre Douniacha chanter des chansons de Vologda, les notaient, faisaient des calembours. Parfois Moussorgsky se joignait à eux, et ils avaient de longues conversations qu'ils étaient les seuls à comprendre et à apprécier : ils sentaient alors leurs chemins bifurquer, mais aussi se rejoindre, sans cesse, mystérieusement. De nouveau, sur son bureau, on vit apparaître, au milieu des dernières thèses de ses étudiants, les livres de Tikhonravov et de Sreznevski sur les antiques coutumes des Slaves. "Ce que j'avais écrit pour *Mlada* ne sera pas perdu, dit-il un jour, je le caserai bien quelque part." ("Sans doute, dans la deuxième symphonie ?" lui demanda-t-on.) Il savait très bien où, lui. Un soir, il vint chez Korsakov. Tout le monde était là. Stassov se força à ne pas lui lancer de regard scrutateur. "Je vous apporte le petit chœur", dit Borodine en sortant de sa poche des feuilles repliées, un peu froissées. "Vladimir Vassilievitch, ne me foudroyez pas du regard, je reprends *Igor.*"

Il s'agissait d'un chœur de femmes dans "Le Camp des Polovtsiennes", mais aussi d'une ébauche de "quelque chose de barbare, pardonnez-moi, excusez-moi, je n'ai pas fait exprès, d'une danse, un peu comme la *lesghienne**", bref : c'étaient les danses polovtsiennes dans le camp de Kontchak.

On faillit l'étrangler en le serrant dans les bras.

* Danse caucasienne.

Oui, ce fut une fête. Le lendemain, les deux ou trois dizaines de personnes qui fréquentaient Stassov et la vieille Chestakova, sœur de Glinka, connaissaient la nouvelle tant attendue. Ils savaient que le futur opéra serait plus proche de *Rousslan et Ludmilla* que de *La Vie pour le Tsar**, et qu'il se situerait à l'opposé de Wagner et des Italiens. Borodine s'appliquait à commenter son projet, pour autant que cela lui était possible. L'Orient, dont il se sentait proche par son sang, le séduisait, l'attirait. Si la scène de Skoula et d'Erochka mûrit lentement et prudemment, c'est au contraire avec avidité, avec rage qu'il se jeta sur le personnage de Vladimir Galitski. Quant à Kontchak et toute la partie polovtsienne, ils le captivaient et le fascinaient. "Igor, lui, n'existe pas encore, écrivait-il à cette époque-là, et par conséquent l'ouverture non plus." Il avait le sentiment qu'ils n'existeraient jamais, que tout ce qu'il avait composé était un fruit du hasard et qu'il n'en sortirait rien. Pourtant, ce n'était pas l'envie d'écrire qui lui manquait, ni l'inspiration qui fondait sur lui, tumultueuse et subite.

Il écrivait beaucoup, en grande partie parce qu'il était souvent malade. Pour peu qu'une indigestion, une angine ou un simple rhume le retiennent à la maison, il trouvait le temps de composer. Il apprit à arracher à la vie des heures de béatitude, quand les sons qui l'étouffaient trouvaient enfin à s'exprimer. Comme il n'avait pas l'habitude d'écrire des notes, son écriture musicale n'était pas formée : il remplissait soigneusement, proprement, des

* Opéras de M.I. Glinka composés respectivement en 1842 et 1836.

feuilles de papier à musique qui ensuite étaient corrigées par Balakirev et Korsakov. Il restait au piano avec une compresse autour du cou, toussant et se mouchant à chaque minute. Des quémandeurs venaient, des dames, des étudiants, des éditeurs, des secrétaires, des comptables, des plaignants… "J'ai eu un rhume", disait-il ensuite avec un sourire, en posant sur le Becker de Balakirev "La Lamentation de Iaroslavna". "Dieu merci, j'ai eu la diarrhée", et voici qu'apparaissait l'air de Vladimir Galitski.

Dans le salon en peluche, Korsinka, mûri pendant ces années, Cui, toujours aussi soigneux et méthodique, Balakirev revenu de ses errances religieuses et Modest Moussorgsky, perdu et avachi, écoutaient ces ébauches. Parfois, une telle joie enfantine s'emparait de tous les cinq à voir naître *Igor*, après des années d'hésitation et d'incertitude, qu'ils se mettaient à crier et à chanter, à s'embrasser, sans avoir honte de leurs paroles, ni de leurs élans.

VI

La silencieuse Weimar. La verte Wielandplatz. On contourne le monument en bronze à Wieland, on descend la Marienstrasse.

— Est-ce ici qu'habite Liszt ?

La petite maison d'un étage avec un jardinet propret appartient au jardinier du Grand-duc de Weimar.

— *Herr Doktor Liszt ?* C'est ici, entrez. Borodine lui remet sa carte.

Un étroit vestibule, un escalier qui monte, peint à l'huile. Les marches grinçantes craquent sous le pied lourd et large de Borodine.

Peu de temps avant, ils avaient appris que Liszt était bien disposé envers leur cercle, qu'il admirait la musique de "la petite bande". C'était, comme toujours, non pas pour ses propres affaires, mais pour faire entrer à l'université d'Iéna deux jeunes chimistes, qu'Alexandre Porfirievitch était parti pour l'étranger. Le premier était Dianine, le fils d'un prêtre, le deuxième Goldstein, un ressortissant d'Odessa. A Iéna, un matin, Borodine avait pris le train pour Weimar, visité la maison de Goethe, de Schiller, de Herder, s'était rendu au cimetière pour honorer des tombes chères. (Alexandre Dianine et Micha Goldstein, restés à Iéna, mouraient d'impatience, ne sachant qu'entreprendre.)

— *Vous avez fait une belle symphonie** ! dit quelqu'un, haut et vite au-dessus de Borodine. Longs cheveux blancs, nez pointu, redingote noire aux pans longs et cravate noire : tel lui apparut Liszt. Ses longs doigts dessinaient dans l'air les mesures du scherzo que Moussorgsky appelle des "becquetages". "C'est ravissant, c'est ingénieux", dit Liszt en serrant avec force de sa main fine celle, épaisse, de Borodine, et l'entraînant dans son cabinet.

Alexandre Porfirievitch se taisait, écoutait le flot rapide d'excellentes phrases françaises et allemandes, formidablement articulées. Devant lui, la silhouette du vieil abbé qui tantôt s'asseyait sur le divan, tantôt marchait entre le piano et la bibliothèque. Derrière, trois fenêtres donnant sur un jardin rose.

— *Sie sind wohl weit gegangen, Sie haben aber nie verfehlt !* cria Liszt. N'écoutez personne, suivez votre chemin, soyez original...

Il finit par s'asseoir. Le domestique, un Monténegrin, apporta des bouteilles et des verres. A présent, on parlait de Korsakov, de Moussorgsky. Sur le pupitre d'un Bechstein ouvert on voyait l'*Islamey* de Balakirev ; sur la table basse, près des verres, était posé le *Néron* d'Anton Rubinstein.

— Grâce à Dieu, dit-il, vous n'avez pas fréquenté le conservatoire. L'avenir appartient à la musique russe, à votre musique... Monsieur Borodine, je suis trop vieux pour faire des compliments...

Avec son doigt, il enroulait le fil du monocle, rejetait ses cheveux en arrière. Malgré son col empesé d'ecclésiastique, sans ouverture sur le devant, il se déplaçait avec simplicité et

* En français dans le texte.

légèreté, prenait quelques accords, s'arrêtait, s'asseyait de nouveau, parlait en hachant les mots, sa bouche s'ouvrait alors en grand, se refermait avec force, ses yeux fixaient son interlocuteur. Sa parole coulait librement, il abordait tout : la musique, la Russie, *Sadko*, les romances de Cui, le trio de Napravnik et, de nouveau, la *Première Symphonie* de Borodine.

— Nous devons la jouer ensemble, dit-il à plusieurs reprises, et Borodine, intimidé, confus, assurait qu'il ne savait pas jouer, ne pouvait pas, n'osait pas...

Il partit en fin d'après-midi. Il était invité à déjeuner, à dîner, à la "matinée", à la leçon avec les élèves, à la soirée avec le Grand-duc. Toutes ces invitations se mélangeaient dans sa tête. De retour à Iéna, il put seulement dire à ses pupilles :

— Demain vous le verrez vous-mêmes. Demain il viendra ici, il donne un concert à la cathédrale.

Ce concert avait lieu une fois l'an, et le nom de Liszt ne figurait pas sur l'affiche, mais toute la ville savait déjà qu'il allait jouer, et le public, aristocrates et peuple confondus, était nombreux.

Alexandre et Micha se glissèrent dans la cathédrale dès le matin, écoutèrent la répétition en entier, virent Liszt arriver et le suivirent au pas de course, trébuchant, tombant, oubliant tout, ne voyant plus rien. De loin en loin, Borodine apercevait leurs visages béats, abrutis par l'excès d'enthousiasme, juste derrière le maître à la sortie de la cathédrale – et, pendant son jeu, pâles, allongés ; enfin, dans la rue au soleil, échauffés et rouges, quand Liszt, avec sa suite et ses élèves, se rendait à l'hôtel *Zum schwarzen Bären.*

Il marchait la tête haute, à son bras la baronne Meyendorf, née princesse Gortchakova, amie du Grand-duc et de toute la noblesse de Weimar. Ils étaient proches depuis quelques années. A gauche de Liszt marchait Vera Timanova, son élève préférée, petite, gracieuse, vive, vêtue à la mode parisienne, avec des pieds et des mains minuscules (elle ne pouvait prendre un sexte-accord en *fa* mineur). Et, gazouillant, hurlant, riant, suivait toute une nichée de jeunes filles venues d'Irlande, de Hongrie, de Suède, d'Italie, d'Amérique, sans gants ni chapeaux, qui mangeaient des cerises dans la rue, se poudraient devant tout le monde, effrayaient les Allemandes par leurs manières libres. Au milieu d'elles, on voyait deux ou trois garçons aux cheveux longs avec d'immenses cols rabattus.

— Bonjour... Ne restez pas en arrière. Liszt vous aime beaucoup, chuchotait Timanova à l'oreille d'Alexandre Porfirievitch.

Massif, chauve, grisonnant, vêtu de tussor de la tête aux pieds, il marchait à leurs côtés, donnant le bras à une Danoise gaie et bronzée. (Alexandre et Micha, qu'il aperçut au loin, avaient des larmes de jalousie aux yeux, mais Borodine ne broncha pas.)

Zum schwarzen Bären... La gentillesse de la baronne Meyendorf, les coups d'œil amicaux de la petite Timanova, les discussions, les rires, le silence qui s'installait à peine Liszt prononçait-il un mot, les questions, les invitations... Pour finir, les invités repartirent à Weimar. Le chef de gare annonça que pour Liszt et les jeunes filles on avait accroché une voiture spéciale. Liszt, fatigué, les traits tirés, gagna son compartiment. Le train s'ébranla, quelqu'un jeta des cerises à Borodine qui restait sur le quai. Il agita son chapeau : à demain ! (Mais, il n'avait pas d'autre tenue que son costume de voyage. Ciel ! Quelle malchance !)

Il se retourna. Quatre yeux suivaient le train : Alexandre et Micha, partagés entre l'espérance et le désespoir, saluaient le grand hôte de Weimar.

Pendant les mois d'été, la ville de Goethe et de Schiller devenait celle de Liszt. Il y vivait, et la foule internationale de ses jeunes élèves faisait tonner le piano la journée durant, toutes fenêtres ouvertes. Les leçons, gratuites – Borodine fut convié à l'une d'elles –, avaient lieu dans le cabinet de Liszt où tous ensemble, assis sur l'appui de la fenêtre ou le divan, ils écoutaient un élève. Tout le monde se trouvait réuni au moment où Alexandre Porfirievitch entra, et il fut accueilli avec une joie tumultueuse.

Ici, c'était Véra qui décidait de tout. On voyait que Liszt adorait sa petite Timanova. Il la prenait par les épaules, lui caressait la joue, la donnait en exemple aux autres et faisait tout ce qu'elle voulait. Elle, coquette avec lui, mais aussi avec Borodine et les élèves, embrassait parfois sa main. Elle savait que tout le monde l'admirait, et elle s'admirait elle-même. En l'écoutant jouer, Borodine oubliait le monde entier. Il aimait le jeu virtuose, il s'était jadis exclamé en écoutant Nicolas Rubinstein : “Bigre ! Ça, c'est ce que j'appelle jouer !” Le jeu de Timanova le faisait vibrer. Dans son for intérieur, il enviait Liszt.

Mais voici que le maître lui-même se mit au piano. Ce fut le silence complet. C'était une chaude journée d'été, et les trois fenêtres qui donnaient dans le jardin étaient grandes ouvertes. Il joua une sonate de Chopin. Quant à sa marche funèbre, il l'exécutait chaque fois d'une nouvelle manière, et Timanova dit à Borodine tout bas : " Il n'arrête pas de se tromper, et chaque fois c'est différent ! Quel original !"

On ne voulut rien entendre des excuses d'Alexandre Porfirievitch, qui n'avait pas de costume. Tel quel, en tenue de voyage et avec des chaussures crasseuses, il parut, ce soir-là, dans le salon de la baronne Meyendorf. Timanova lui souhaita bonne chance, et il dut rassembler tout son courage, car il allait jouer avec Liszt à quatre mains.

"Liszt ne me laissait pas m'arrêter, écrivit-il dans une lettre envoyée en Russie. Quand on terminait une partie, il tournait la page en disant : «*Allez toujours**.» Si je me trompais ou sautais un passage, il me faisait remarquer : pourquoi omettre cela, c'est si beau. Ensuite la baronne et lui ont insisté pour que je chante mes romances et que je montre un extrait de mon opéra. J'ai refusé de chanter, en revanche, j'ai joué le chœur féminin d'*Igor*... J'étais comme ivre et j'ai mis longtemps à m'endormir."

La nuit suivante, il ne dormit pas beaucoup plus. De nouveau, on joua dans le même salon somptueux. Tout soulignait la solennité et la magnificence de cette soirée : les domestiques portant des bas, chargés de chandeliers et devançant les invités qui se rendaient par couples dans la salle à manger ; les louanges dithyrambiques du Grand-duc ; Liszt, cérémonieux, tiré à quatre épingles. Dans une grande salle, au milieu de tableaux, de bronzes et de reliques, Liszt joua lui-même des pièces de Borodine. Celui-ci ne pouvait croire qu'il s'agit

* En français dans le texte.

des sons qu'il avait jadis timidement pianotés dans le salon de Balakirev.

Ensuite, Borodine joua et chanta *La Mer*.

— Mais où sont donc ces compositions ? s'écria Liszt. Qui les édite ? Pourquoi ne les ai-je pas ?

— Voici une tentative de symphonie... dit Borodine.

(Stassov l'appelait *La Lionne*, mais Borodine savait qu'elle était imparfaite, car elle portait encore la trace de son engouement pour les instruments à vent, et que certaines choses devaient être simplifiées.) Liszt écoutait, et avec lui le Grand-duc, un homme de haute taille en gilet blanc et gants lilas, avec une étoile sur sa poitrine. Le destin l'avait rendu maître de cette ville comme il aurait pu l'être d'un autre duché ou comté de l'Allemagne. Il savait se tenir en présence de génies car, chez lui, rois et poètes partageaient traditionnellement le caveau de famille.

Borodine s'écoutait lui-même : il n'avait jamais joué dans une atmosphère aussi solennelle, en présence d'un demi-dieu. Il s'appliquait comme un élève, maudissant son manque de formation et tout ce qui le gênait pour devenir un vrai musicien.

— Comme c'est bien, dit Liszt quand il eut fini. Quel merveilleux musicien russe j'ai devant moi !

... Le train l'emportait lentement à travers Iéna, Berlin, Eydtkuhnen... Ses pensées revenaient en arrière pour compléter, pour corriger ce qu'il avait vécu. Mais tel un rêve, ces quinze jours demeuraient immuables, irrévocables, se faisaient toujours plus transparents, plus fantomatiques. Lentement, lourdement, Pétersbourg s'avançait vers lui, avec ses soucis, ses peines, ses malheurs, et il savait déjà qu'il ne pourrait retenir intégralement le souvenir de cette unique fête de sa vie. Comme sur un embarcadère, quand le bateau flotte au large et qu'il n'y a pas de retour possible, il aperçut les mains de Timanova qui s'agitaient en l'air, ces mains qui avaient joué l'*Islamey* pour lui. Puis, il entendit la voix claire et gaie du vieillard chenu au col de pasteur, et les yeux uniques au monde le transpercèrent…

Tout se fondit dans les brumes de Pétersbourg.

VII

Enfant, à douze ans à peine, il avait déjà l'air pondéré. Aujourd'hui, la cravate blanche, l'habit, l'étoile, le ruban de moire en travers du gilet lui seyaient à merveille. En se regardant dans la glace il reconnaissait son visage calme et, qu'il le voulût ou non, aristocratique. On lui voyait sur le front une petite cicatrice, trace d'une chute qu'il avait faite à l'âge de deux ans, des cernes sous les yeux. Il souffrait d'hémorroïdes, de maux de foie, le cœur se faisait sentir, bref : c'était la cinquantaine. Peut-être pas tout à fait : il ignorait son âge exact. On le lui avait demandé pour un dictionnaire qui devait paraître en Allemagne, et il avait répondu "cinquante", mais ensuite des parentes le persuadèrent qu'il n'en avait que quarante-neuf.

La lettre du dictionnaire le surprit beaucoup : qui pouvait vouloir connaître son âge, ce qu'il avait écrit et, surtout, ce qu'il n'avait pas achevé ? Tout cela n'avait guère d'importance. Or, peu après, il reçut des coupures de journaux allemands, autrichiens, hollandais : c'étaient des critiques de ses œuvres jouées tel jour à tel endroit, des articles de fond, respectueux et enthousiastes, avec des exemples de partitions. On y discutait les qualités de ses deux symphonies. Sans doute, c'est là mon destin, pensa-t-il calmement, sans irritation aucune. D'ailleurs, n'est-il pas question, quelque part, du prophète et de son pays ?

Il lui semblait que jamais les poètes, les gens de lettres, même les peintres n'étaient attaqués et démolis aussi grossièrement, platement et effrontément que les compositeurs. Personnellement, il ne souffrait pas de ce qu'écrivaient sur lui les critiques russes, il ne faisait que s'étonner. Moussorgsky, lui, en était malade. Cui, agacé, ripostait dans la presse. Stassov s'indignait, rivalisait de brutalité, parfois de grossièreté, avec les critiques eux-mêmes. Borodine s'étonnait qu'un homme respecté de tous, comme lui, un savant renommé qui avait été décoré, un compositeur reconnu à l'étranger fût dénigré en Russie, et comment ! Etonnant. Cet homme que je vois dans la glace est fustigé par des imbéciles. Pourquoi ?

"Kontchak a des allures à la Chopin", écrivait-on, déplorant que l'on ait "offert au public" des extraits d'*Igor.* "Iaroslavna vous rebat les oreilles avec son chant de coucou" … La romance "Fausse note" fut considérée comme la devise de toute son œuvre musicale : "Il faut qu'il y ait au moins une fausse note, parfois elles sont plusieurs, quand ce n'est pas la pièce en entier qui est fausse, comme, par exemple, «La Princesse endormie»." On le traita d'ennemi et de persécuteur de la musique, lui prêtant des "lubies monstrueuses", lui reprochant d'aimer ce qui était "musicalement laid et incongru". On trouva à *Igor* une ressemblance avec des opéras français. Pourtant, une partie seulement avait été jouée, à peine plus de la moitié était écrite, et déjà, à force d'être traîné dans la boue, *Igor* allait devenir un nom commun. “Des griffonnages”, disait-on dans *Le Bulletin de Saint-Pétersbourg*. “A côté, l’*Asie centrale* nous parut bien gentille.”

Il était étrange, incompréhensible d’être haï par des inconnus qu’il ne rencontrerait jamais, qu’il fuirait en haussant les épaules, pressé de rejoindre ceux qui aimaient ce qu’il faisait.

Ces derniers étaient fort peu nombreux en Russie : ils auraient tenu dans la spacieuse salle à manger de Stassov. Certains le considéraient comme une perle rare, un être parfait : beau, heureux, savant et talentueux. Moussorgsky le trouvait “magnifiquement paisible”. Piotr Ilitch Tchaïkovski, si sympathique, mais combien lointain, le regardait avec curiosité. On disait de lui qu’il était très malheureux et, sans doute, l’équilibre même de Borodine l’intriguait.

Ils se voyaient à Pétersbourg et à Moscou en tant qu’hommes du monde et musiciens, mais évitaient de parler musique, faisant exception pour leur unique ami commun Balakirev. (Borodine n’ignorait pas que Tchaïkovski détestait Cui et que le seul nom de Moussorgsky le plongeait dans une colère sans bornes, qu’il savait d’ailleurs dissimuler parfaitement.) La plupart du temps, ils se bornaient à échanger des politesses, des interjections, à se rendre visite, à se découvrir le chef l’un devant l’autre. Un dilettante, pensait Tchaïkovski ; un cas clinique, pensait Borodine. Il était un peu choqué par “l’anomalie” du musicien moscovite. Sans doute était-il réellement parfait, puisqu’il ne pouvait comprendre aucune infirmité de l’âme.

Celle de Moussorgsky lui était tout aussi étrangère, même s’il le prenait en pitié, sachant qu’il finirait par un délirium tremens. Il ne s'expliquait pas qu'un homme, un être raisonnable, pût en arriver à de tels débordements, sombrer dans un tel désespoir, tomber si bas. D'où lui venait ce désir de s'anéantir, de se perdre ? Borodine, qui jamais de sa vie n'était arrivé à l'heure à un rendez-vous, qui repoussait au lendemain tout ce qu'il devait faire le jour même, Borodine, qui n'était jamais pressé et qui, tout en restant entier, avait tranquillement suivi un chemin double, sans doutes, ni tourments, ni questions, Borodine ne savait ni ne désirait analyser ce qui se passait autour de lui, ce qui arrivait aux gens, bref, la vie. Les autres demeuraient pour lui une curiosité, "des drôles de spécimens", comme d'ailleurs la science (regardez un peu ce qu'ils ont trouvé !), sans parler de sa propre musique, si bizarre ! D'où lui venait-elle, au juste ? Pour Cui, Rimski, Balakirev cela allait de soi, mais lui, d'où la tenait-il ? On aurait dit une blague !

Comme la plupart des gens, passé la cinquantaine, il eut envie de mettre de l'ordre dans son existence. Or, il n'y avait pas de vie plus fatigante et désordonnée que la sienne, et cela depuis toujours. Ne pouvait-on pas prendre un logement à Tsarskoïe ou à Gatchina pour sa femme, qui ne supportait pas Pétersbourg et passait la moitié de l'année à Moscou ou à la campagne ; congédier l'intendante, une voleuse, mettre dehors une parente sans logis ? Ne devait-il pas cesser de s'occuper de tous ces gens, charmants, mais dont, au fond, il n'avait rien à faire ? Il avait marié trois de ses pupilles à des élèves à lui. N'était-ce pas assez ? Ah, s'il pouvait tomber malade pour de bon, longtemps, pour s'arrêter de faire des cours et se mettre à écrire !

Des quatre actes de son opéra, c'était toujours "Le Camp des Polovtsiennes" son préféré. Quant aux personnages de Kontchak et de Kontchakovna, habités par quelque chose de profond, d'intime, et à celui de Vladimir Galitski, il les aimait plus que Iaroslavna et Igor eux-mêmes : le thème d'*Igor* ne lui était venu que tard, et avec difficulté.

Korsinka ne venait plus lui tirer les vers du nez : avez-vous écrit ? avez-vous transposé ? Il avait à présent une famille, et une situation. Il était devenu l'aide du directeur de la chapelle des Chantres, on lui donnait du Nikolas Andreïevitch*. Balakirev ne lui écrivait plus de lettres menaçantes : il avait changé plus que les autres et s'était éloigné du groupe. A ce qu'on disait, il croyait qu'on ne l'aimait plus, qu'on ne l'avait pas apprécié à sa juste valeur, qu'on ne l'écoutait pas, qu'à présent chacun travaillait dans son coin, et il se sentait seul. On entendait à sa voix qu'il était offensé. C'est en vain qu'on essayait de le persuader du contraire. Craignant que sa *Thamar* n'obtînt pas le succès qui lui était dû, il ne la jouait pas. Sa présence même devenait pesante. Et Modest, le charmant, l'impétueux Modest Moussorgsky, le premier ami musical de Borodine, ce génie qu'il aimait et qu'il n'avait pas complètement compris, ne l'entraînait plus dans des abîmes qui mettaient en péril la carrière, quand ce n'était pas l'existence. Moussorgsky se mourait dans un hôpital. Aux obsèques solennelles organisées par Stassov (qui faisait naître ses musiciens, et qui les enterrait), quand fut inauguré le lourd monument de marbre, Borodine

* L'emploi du prénom et du patronyme est une marque de respect.

prononça un discours. Son visage était triste et grave. D'ailleurs, enfant déjà, il avait cette gravité…

L'envie lui prenait de conclure son discours funèbre par ces paroles : "Eh bien, messieurs, je crois que je suis seul au monde. Quelle tristesse, messieurs, c'est à mourir !" Stassov et Cui avaient beau s'enthousiasmer pour le récitatif de Iaroslavna, Liszt écrire des lettres élogieuses et l'inviter de nouveau à Weimar, un dictionnaire allemand lui demander son âge (qu'il ne connaissait pas, du reste !), le bonheur n'était pas là : ni dans la fidélité de sa femme, vieillie et malade, ni dans son appartement, plein de jeunes gens, où il n'y avait pas de place pour lui. Où était-il donc ? Si Borodine avait été un compositeur authentique, comme Korsakov ou Modest, il aurait trouvé le bonheur dans le récitatif lui-même, dans la manière dont cela lui venait, dans l'instant où *La Mer* ou *Pour les rives lointaines…* lui apparaissaient soudain. Mais il n'était pas un musicien authentique, il était une perle rare, et sa vie une curiosité, et c'était trop tard pour y changer quoi que ce fût.

Etait-ce la fatigue ou le relâchement, était-ce la cinquantaine ? Non, car il lui restait beaucoup de forces, il ne s'était guère dépensé, il aurait pu vivre jusqu'à cent ans, en composant un peu, en enseignant un peu… Mais il était impossible, inconcevable de se dire : j'ai choisi. Je quitte l'Académie, je suis musicien. Qu'aurait dit sa belle-mère ? Et ces gros bonnets de professeurs ? Et les assistants ? Il avait des obligations : qu'en auraient pensé les dames du Conseil des cours pour femmes ? Anna Pavlovna Philosophova ? Qu'auraient dit ses ennemis musicaux ? Le professeur émerite

Borodine s'est enfin décidé à entrer au conservatoire !

Et comment aurait-on pris à Moscou, où il se donnait des airs particulièrement importants, qu'il recommençât sa vie à zéro ? Tchaïkovski aurait souri avec tant de politesse et de condescendance. Le jour où ils s'étaient retrouvés tous les quatre chez Testov : Borodine, Balakirev, Tchaïkovski et Taneïev, il avait entendu les autres parler en professionnels, et pour cause, leur portefeuille dépendait de leur inspiration. Il se sentait parmi eux comme un invité. Mais avec Mendeleïev et Menchoutkine ce n'était pas différent. Même si ni les uns ni les autres ne s'en doutaient, il le sentait, lui, et cette impression ne pouvait s'effacer.

Il travaillait à d'autres pièces en même temps qu'au *Prince Igor* : à un quatuor, à diverses romances et à sa troisième symphonie. Autant dire que ces œuvres étaient censées se faire toutes seules un jour ou l'autre, et qu'il ne s'en faisait pas. Cette nonchalance, dont il avait honte devant des étrangers, les Russes la comprenaient, et ils compatissaient. Mais on ne pouvait l'avouer à Liszt. “Que faites-vous ? Pourquoi écrivez-vous si peu ? A quoi passez-vous votre temps ?” cria Liszt en frappant le sol de sa canne lors de leur deuxième rencontre, quand Borodine, quatre ans après la folie de Weimar, retourna en Allemagne. “Monsieur Borodine, cela ne va pas du tout. Votre opéra n'a pas avancé.” Liszt n'avait rien à faire de la science, ni des cours pour femmes, ni des détails quotidiens qui rongeaient sa vie. On ne pouvait lui citer ce mot de Stassov comparant Borodine à l'éléphant et à son fumier. “Le fumier d'éléphant est une chose extrêmement précieuse. On suit donc un éléphant des journées entières pour en ramasser, ne pas rater le moment, et il ne fait toujours rien. De la même façon, je vous suis, Alexandre Porfirievitch, pour voir s'il n'est pas tombé quelque chose, un morceau d'*Igor* ou une romance." Pour Liszt, il fallait inventer des excuses : la paresse slave, la maladie de sa femme, quelque chose d'ennuyeux et pas tout à fait exact. Mais celui-ci le transperçait du regard, exigeant qu'il transposât sur-le-champ *L'Asie centrale* pour quatre mains. "Oui, oui, à jeun, avant le café. Vous avez du papier et une plume." Et Borodine pliait devant la volonté du maître, mettait une dédicace au-dessus du texte.

C'est à cette époque, à peu de chose près, qu'il écrivit à Stassov :

"Quant à l'abondance de chœurs dans *Igor*, je ne m'en fais pas. Regardez : dans le premier tableau le chœur est interrompu par des airs de solistes et des récitatifs, celui de Vladimir Galitski, ainsi que son *brindisi**, celui de Skoula et de Ierochka, et leur duo, leur chant princier. Dans le deuxième tableau, il y a le solo de "Iaroslavna", son duo avec Vladimir Galitski, ses nombreuses répliques, un récitatif et des passages intercalés. Enfin, elle est une personne vivante, et non un phonographe ni un orgue qu'on fait marcher en tournant une clé. N'importe qui périrait dans la fleur de l'âge, à rester sur scène, sans jamais souffler ni sortir pour un besoin naturel, et en chantant des aigus. D'autant qu'elle ne cesse de s'inquiéter, gémir, se ronger et se plaindre : qui pourrait tenir le coup ? (Regardez comme ce libretto est donc composé de façon organique !)

* En italien dans le texte.

Par ailleurs, je crains que l'éléphant, cette fois-ci, ne souffre de constipation..."

Il n'avait pas terminé "Iaroslavna" qu'il brûlait déjà d'en écrire une parodie.

VIII

Elle est venue en Russie dans les années 1890, certains s'en souviennent encore. C'était alors une grande vieille en perruque rousse, en robe de velours à volants, avec un face-à-main, et des gants qu'elle n'enlevait jamais. Elle s'appelait la comtesse Merci d'Argento. Au milieu des années 1880, quand elle fit sa première apparition dans le monde musical, elle avait cinquante ans bien sonnés. César Cui, après un séjour à l'étranger, avait raconté à Borodine qu'en Belgique, dans un château de famille, vivait une grande dame un peu capricieuse mais instruite, amateur de musique russe, qui admirait ses deux symphonies et ses romances. "Grand bien lui fasse", avait répondu Borodine. "On ne saurait être à la fois Glinka et Sémion Petrovitch, écrivait-il à sa femme, savant, commissionnaire, peintre, fonctionnaire, bienfaiteur, père d'enfants d'autrui, médecin, et malade. On finit par n'être que ce dernier. J'irais volontiers non seulement à la campagne, mais au diable, je crois. En plus, ces imbéciles belges et pétersbourgeois m'importunent avec leurs histoires !"

Mais la comtesse ne se découragea pas, et lui écrivit la première, demandant une version récital du *Prince Igor*. Elle lui envoya les traductions françaises de certains de ses airs et de ses romances. Ces traductions étaient terribles. "Monter sur le trône des princes de Poutivle" était traduit comme : "Ah, puissé-je monter ma jument géorgienne Poultiva." Borodine la remercia dans un français raffiné (qu'il maniait avec beaucoup de difficulté). Elle lui écrivit encore, lui envoyant de nouvelles traductions, demandant *La Mer* dans une version pour orchestre, annonçant qu'il était élu, par ses efforts, membre de la Société des Compositeurs de Paris, et que Saint-Saëns l'avait recommandé, grâce à elle. Elle racontait qu'on avait joué sa *Première symphonie* en Belgique, deux fois même, et le *Quatuor en* la *majeur* à Paris. Elle lui demandait quel genre d'homme il était, pourquoi il produisait si peu ; pourquoi il n'achevait pas son opéra, s'il savait qu'il était un grand musicien.

Il tarda à répondre, débordé qu'il était par des soucis domestiques : le vieux chat Vassilitch avait été malade, à l'Académie il avait eu des réunions à n'en plus finir. Sa femme était venue de Moscou, apportant avec elle cette "vie impossible" qu'il craignait tant à présent. Ne supportant pas ce qu'elle appelait "l'asile pour vieillards", à savoir l'existence régulière, elle l'obligeait de nouveau à se coucher à trois heures du matin, à déjeuner à l'heure où les autres dînaient, et il n'avait plus le temps de rien faire.

"Chère comtesse, écrivit Borodine à madame Merci d'Argento. Je suis flatté, je suis touché par l'excessive bonté que vous me témoignez" ... Mais deux mois plus tard, en vraie femme du monde, elle tourna cet échange épistolaire à son avantage : "Vous êtes pour moi comme une bonne fée pour un prince" (lequel, dans tous les contes, est un idiot fini), lui écrivit-il alors, et cela plaisait beaucoup à la comtesse. Passé trois autres mois il l'appelait "ma chère marraine" et baisait respectueusement ses deux mains "que vous ne m'avez pas encore ôtées".

En lisant les lettres de Borodine, on avait l'impression qu'un "ours blanc" des "steppes", d'un "pays barbare recouvert de neige", après avoir mangé trop de suif, s'adressait à un être élevé, extraordinaire et complètement différent. "Vous êtes une personne extraordinaire", lui écrivait-il, et elle de renchérir : "Non, c'est vous qui êtes des êtres extraordinaires, là-bas, dans vos glaces." "Oui, nous sommes étranges, reconnaissait-il, mais vous êtes un ange de bonté, vous saurez tout comprendre, tout pardonner."

Pour la comtesse, la première place dans le rang des musiciens pétersbourgeois revenait à Cui. Elle s'intéressait peu à Balakirev et à Rimski, connaissait à peine Moussorgsky, ne cherchait pas à mieux le connaître. Quant à Tchaïkovski, il était déjà bien trop célèbre pour qu'elle s'intéressât à lui. La comtesse aimait découvrir des talents, elle eût souhaité créer la renommée de Borodine, non pas à Paris, où c'était trop difficile et où son succès eût été douteux, mais à Liège et à Anvers. Elle était tentée également de monter l'opéra de Cui, *Le Prisonnier du Caucase,* sur la scène du Théâtre royal de Bruxelles. L'idée plaisait à Cui.

Sans César Antonovitch, Borodine n'aurait pas bougé de Pétersbourg. Bien sûr, il fut flatté que la comtesse attirât sur lui l'attention des musiciens et du public belges, mais de là à y aller... Cui finit par le convaincre, par l'emmener presque de force, et il le mit dans une voiture-lit de première classe (jamais Borodine n'avait voyagé avec tant de confort). Par la suite, il se rappela ce séjour belge comme un spectacle extrêmement bien monté où lui et Cui avaient joué les premiers rôles, très agréables et bien appris, et dont la comtesse Merci d'Argento, qu'il voyait pour la première fois, avait été l'inspiratrice.

Sa parfaite mondanité, son château, son mari, sa manière de traiter le principal chef de l'orchestre symphonique belge comme s'il avait été son secrétaire, ses flatteries intelligentes et fines, l'habileté qui consista à ne présenter aux deux "sauvages" que ceux qui les connaissaient en leur faisant croire que c'était toute la Belgique, rendit l'existence de Borodine et de Cui extrêmement agréable. On eût dit que non seulement le château ancien des Argento leur ouvrait ses portes, mais aussi Liège et Bruxelles, comme si le pays entier n'avait été qu'un fief familial accueillant et confortable, peuplé de mélomanes qui jouaient de la musique russe à qui mieux mieux, et connaissaient par cœur *L'Asie centrale* et les pièces pour piano de Cui. Lors des réceptions, on buvait à *Igor*, et Borodine répondait dans un français qu'il avait perfectionné au cours de ces deux mois. Même comme chef d'orchestre il était porté aux nues. Des jeunes filles accouraient pour leur demander des autographes ; quant à Cui, après la première représentation du *Prisonnier du Caucase*, elle lui offrit une lyre en or.

Tout cela ressemblait à un rêve. Grâce à une dame étrangère, riche et capricieuse, le petit pays élégant créait sa renommée. On invita Borodine à Leipzig, à Paris, où étaient parvenus les échos de son triomphe belge. On lui écrivait de Monaco, de Venise. Et même, à son retour à Pétersbourg, certains le félicitèrent.

A Pétersbourg, c'était l'hiver. Des coffres armés de barres de fer on sortait des loutres saupoudrées de naphtaline : manteaux, chapeaux ; on nettoyait d'énormes caoutchoucs. Le voilà déjà qui faisait son trajet habituel, de l'avenue Liteïny au pont Nicolas, de l'Académie aux cliniques. Il avait repris ses cours, et de nouveau cent cinquante jeunes visages étaient tournés vers lui dans l'amphithéâtre ; de nouveau, les auditrices des cours de médecine le suivaient par groupes, portaient sa canne et ses gants, le regardaient dans les yeux. Sans ces jeunes filles et ces jeunes gens il ne pouvait imaginer sa vie. A nouveau des réunions, des conférences, des affaires scientifiques et de bienfaisance, et sa musique, à la dixième place. Mais cette année-là, c'était différent.

Balakirev était fini, cela devenait évident pour Stassov, et pour Korsakov, et pour Borodine. Balakirev vivait encore, mais il avait accompli tout ce qu'il pouvait. La vie du Pétersbourg musical se déroulait désormais sans lui, en dehors de lui. La gloire posthume de Moussorgsky s'affermissait, Glazounov grandissait, le nom de Liadov prenait de l'importance, et Mitrophane Petrovitch Beliaev était apparu, avec ses capitaux. "Comme nous sommes vieux", disait Borodine en regardant Glazounov qui avait vingt ans. "Comme nous devons paraître vieux !" Mais il n'avait pas acquis la "sagesse", n'était pas devenu un "vieillard chenu" : son estomac lui jouait des tours à cause des excès de nourriture, le cœur lui palpitait souvent et c'était tout. Certes, il ne pouvait plus marcher vite. Mais dans son for intérieur, il restait parfois aussi pur, gai et calme qu'autrefois, il avait gardé la sérénité, la limpidité de sa jeunesse. Son âme n'avait pas épuisé ses forces créatrices, et pourtant, cela ne changeait rien, car il ne savait pas les libérer, et son avenir était toujours aussi embrouillé, inextricable et obscur. Jamais sa vie ne se redresserait, ne serait ordonnée. Jusqu'à la fin de ses jours, il ressentirait ce poids, cette impossibilité de réaliser ce qu'il portait en lui. Comme il avait jadis étouffé dans son cœur l'amour pour Anka, ainsi avait-il étouffé sa musique, et même son engouement pour les sciences exactes, car en le transformant en métier il avait fini par y éteindre quelque chose. Mais si sa vie avait été à recommencer, il n'aurait pas agi différemment, car il ne le pouvait pas. Jamais il ne s'interrogeait sur les conséquences de ses actes pour lui-même, il ne savait réfléchir à sa personne, remettant cela à une soirée calme et douillette (tout le monde en a !) où il serait assis dans un fauteuil mou, près d'une lampe… Mais il n'avait pas de telles soirées.

Lorsqu'il rentrait chez lui, il trouvait son appartement envahi par les "enfants des autres". Sa femme, de nouveau, était à Moscou, et il ne serait pas allé la voir si elle n'avait pas écrit qu'elle était "à l'article de la mort". Ses lettres étaient d'un mélancolique ! Mais il s'était habitué et à ses lettres mélancoliques, et à ses maladies incurables, les unes comme les autres ne dataient pas d'hier. La compassion, la tendresse qu'il y avait autrefois dans son âme s'étaient émoussées. Le soir, chez lui, il n'y avait ni lampe, ni fauteuil, ni même une feuille de papier à musique, et il savait qu'il y survivrait, tandis qu'il ne pouvait pas vivre sans les "enfants des autres", et sans le bruit, les rires, la confusion, les séances d'hypnose, l'Ariston qui hurlait une polka à la mode. Voir des jeunes pendant ses cours ne lui suffisait pas. Même chez lui, il retrouvait une foule de pupilles, filles ou garçons, vivant en partie à ses crochets, parfois mariés entre eux et entourés d'une progéniture qui s'incrustait et, à son tour, réclamait de l'attention. Sans cesse, il arrangeait des baptêmes, des mariages, soignait un tel, trouvait à tel autre "un poste à vie". Il y avait là de vieux amis, leurs enfants et leurs petits-enfants, et les cousins de ses cousins et ceux de sa femme, qui remplissaient la maison de rires, de pleurs, de joies, de plaintes et de commérages. Toute cette bande demandait de l'aide, des conseils, lui prenait son temps, exigeait qu'il s'intéresse à ses affaires, qu'il la nourrisse, la distraie et l'instruise.

Dans l'amphithéâtre voisin on déplaçait les bancs, on invitait un pianiste pour la soirée, et on faisait un bal. Pour la Chandeleur de 1887, ce fut un bal costumé. On réunit une trentaine de personnes (des "cousines" s'étaient chargées de l'organisation). Borodine était déguisé en moujik : chemise d'andrinople et bottes.

"Tu ne me croiras pas si je te dis à quel point le temps passe dans ce tourbillon, dans cette incessante bousculade de la vie..."

Avec ses bottes et sa chemise, il dansa et rit beaucoup, dîna copieusement, chanta, en imitant quelqu'un.

"... Les jours défilent, comme des poteaux télégraphiques devant un train qui va à toute allure..."

Le piano tonnait dans l'amphithéâtre ; ces gens qui aimaient tant Borodine, mais qui l'avaient empêché de vivre, dansaient le quadrille. Soudain, il bégaya et s'effondra sur le sol de tout son corps immense, de toute sa majesté.

"... Il m'arrive même de prendre peur, quand je pense à quel point le temps file, et où, et pourquoi..."

C'était un arrêt du cœur. D'abord, les danseurs crurent à une blague, et certains poursuivirent le quadrille en riant aux éclats, surtout ceux qui se trouvaient loin, et l'on tarda à faire taire le pianiste.

Près du tombeau de Moussorgsky où Alexandre Porfirievitch avait prononcé son discours, à côté de l'énorme monument laid, on lui en érigea un autre, encore plus terrible, pompeux et hideux. Comme pour imiter sa lourde silhouette, son gigantesque corps que l'on avait porté à bras, d'immenses couronnes pendaient, ornées de rubans en brocart doré, avec des lettres en velours noir qui louaient le savant, le musicien et le libéral, et des glands dorés grands comme son poing. Une lourde grille enserrait la pierre tombale. Le buste de marbre, avec col et cravate, était écrasé par une plaque massive de granit où l'on avait gravé des thèmes de ses compositions musicales, son nom en slavon et les formules chimiques de ses découvertes. Au-dessus du buste se croisaient deux effrayantes branches de laurier : tout cela était censé représenter "la page d'or de musique que Borodine avait introduite dans l'histoire russe".

Korsakov et Glazounov trièrent ses derniers travaux. Le jour de sa mort, il avait retouché la *Troisième symphonie*, la veille il avait repris le chœur de "La Ronde Polovtsienne". A côté des partitions traînait le compte rendu d'un exposé sur l'hygiène, parcouru et approuvé par Borodine. Il y avait dessiné un diapason.

1937

Ouvrage réalisé
par les Ateliers graphiques Actes Sud.
Photocomposition : Société I.L.,
à Châteaurenard.
Achevé d'imprimer
en octobre 1989
par l'Imprimerie
des Presses Universitaires
de France, à Vendôme,
sur papier des
Papeteries de Jeand'heurs
pour le compte des éditions
ACTES SUD
Le Méjan
13200 Arles.

Dépôt légal
1re édition : novembre 1989
Imp. nº 35 719